CHRISTIANE WEISSENBERGER

Das große vegetarische Arthrose-Kochbuch

140 Rezepte mit allen wichtigen Nährwertangaben

Wichtige Ernährungsregeln und Küchentipps bei Arthrose

humboldt

VORWORT

Liebe Leserinnen, lieber Leser,

mit Ihrer Arthroseerkrankung sind Sie nicht allein: Arthrose gehört zu den häufigsten Gründen für einen Arztbesuch – in Deutschland leiden rund acht Millionen Menschen unter dieser fortschreitenden Verschleißerkrankung der Gelenke

Geschädigte Gelenke sind meist schmerzhaft und fühlen sich steif und unbeweglich an. Deshalb neigen Betroffene verständlicherweise dazu, sich zu schonen. Damit begeben sie sich jedoch in einen Teufelskreis: Der Gelenkknorpel wird immer schlechter durchblutet und seine Schutzfunktion geht weiter zurück; weitere Gelenke können zusätzlich belastet werden. Sich ausreichend zu bewegen und gezielt zu trainieren gehört zu den wichtigsten Dingen, die Menschen mit Arthrose tun können! Vor allem Fahrradfahren, Schwimmen und Aquagymnastik schonen die Gelenke und stärken die Muskulatur.

Häufig betroffen sind die Gelenke des Knies bzw. der Hüfte. Gesellt sich zu einer Arthrose auch noch Übergewicht, werden diese über die Maßen beansprucht. In vielen Fällen entwickelt sich die Arthrose sogar erst durch die überflüssigen Pfunde! Übergewicht verursacht noch ein weiteres Problem: Fettpölsterchen produzieren entzündungsfördernde Hormone, die sich im ganzen Körper verteilen und Entzündungen verstärken. Um die Schmerzen in den Griff zu bekommen, ist es daher wichtig, dass Sie sich maßvoll bewegen, gesund essen – und wenn nötig Kalorien einsparen.

Lecker und gleichzeitig arthrosegerecht essen: Unter diesem Motto steht mein Kochbuch. Dabei müssen Sie auf viel weniger verzichten, als Sie vielleicht denken! Für Menschen mit Arthrose ist eine vegetarische Ernährung empfehlenswert, denn tierische Produkte enthalten gesundheitsschädigende Stoffe und können Gelenkschmerzen verstärken und begünstigen. Gleichzeitig liefert die pflanzenbasierte Küche reichlich Vitamine, Mineralstoffe und Antioxidanzien, die bei der Behandlung von Arthrose besonders wichtig sind.

Ob leckere Frühstücke, Snacks, Suppen, Hauptgerichte, Beilagen oder Salate, Getränke oder Desserts: Probieren Sie die Vielfalt der entzündungshemmenden vegetarischen Küche aus und lassen Sie sich von rund 140 Rezepten inspirieren.

Ich wünsche Ihnen viel Freude beim Kochen und Genießen!

Ihre

Christiane Weißenberger

Arthrose – das sollten Sie wissen

Das gesunde Gelenk

Mehr oder weniger bewusst bewegen wir uns den ganzen Tag: Wir drehen uns, strecken uns, wir greifen, laufen, gehen oder springen. Dass dies möglich ist, verdanken wir unseren Gelenken, den beweglichen Verbindungsstücken zwischen den Knochenenden. Sie machen es möglich, dass die Knochen sich auch gegeneinander bewegen können.

Unsere Gelenke erfüllen wichtige Aufgaben: Ohne Gelenke ist keine Bewegung möglich. Die Gelenkschmiere, ein Flüssigkeitsfilm, der von der inneren Gelenkschleimhaut gebildet wird, sorgt dafür, dass sie beweglich sind. Gelenke federn harte Bewegungen ab. Das gelingt ihnen dank des Gelenkknorpels, des „Stoßdämpfers" in den Gelenken. Dieser glatte, elastische Überzug schützt das Gelenk und sorgt für einen reibungslosen Ablauf der Bewegung. Und: Gelenke geben uns Halt. Spezielle Strukturen im Gelenk können bestimmte Bewegungen erlauben und andere verhindern. So sind unsere Gelenke gegen falsche Bewegungen geschützt.

So kommt es zu einer Arthrose

Die Gelenke fühlen sich steif an und jede Bewegung schmerzt – kommt Ihnen das bekannt vor? Unter Arthrose verstehen Mediziner eine fortschreitende Verschleißerkrankung der Gelenke. Auf Dauer führt die Erkrankung zu erheblichen Bewegungseinschränkungen, wobei häufig Knie-, Hüft- und Fingergelenke betroffen sind. Mit einer Arthrose sind Sie nicht allein, rund acht Millionen Menschen leiden alleine in Deutschland darunter.

Verschiedene Ursachen können dazu führen, dass die Knorpeloberfläche spröde und rau wird und der Knorpel nach und nach verschleißt. Im Laufe der Zeit fällt dadurch die schützende Funktion für die Gelenkknochen weg, und der Druck der Bewegung wird direkt auf die Knochen übertragen. Diese Reibung verursacht Schmerzen. Außerdem kann es zu Knorpelabrieb kommen, der die Knochenhaut reizt und zu einer Entzündung führt, deren Enzyme mit der Zeit die noch gesunden Knorpelzellen zerstören.

Knorpelabbau und Gelenkverschleiß sind in erster Linie altersbedingt und beginnen bei rund 50 Prozent der Menschen bereits ab dem 35. Lebensjahr. Diese Art der Arthrose, die ohne äußere Einflüsse entsteht und zu Beginn oft kaum Beschwerden verursacht, wird primäre Arthrose genannt. Bei entsprechendem Verhalten, wie zum Beispiel viel Bewegung und gesunder Ernährung, kann der Verschleiß so beeinflusst werden, dass die gesunde Funktion von Knorpel und Gelenken erhalten bleibt. Verschiedene äußere Faktoren können den Verschleiß wiederum beschleunigen. Mediziner sprechen dann von einer sekundären Arthrose. Auslöser können sein:

Übergewicht: Ein Zuviel auf der Waage gilt als eine der Hauptursachen von Arthrose. Je schwerer der Körper ist, desto mehr Belastung müssen die Gelenke aushalten. Die Knie müssen zum Beispiel beim Gehen das 2,5fache des Körpergewichts tragen, beim Hinabsteigen einer Treppe sogar das 3,5fache.

Ernährung: Ursache für Übergewicht ist oftmals eine unausgewogene und ungesunde Ernährung. Da die Gelenke erst dann mit Nährstoffen versorgt werden, wenn der übrige Körper gesättigt ist, ist es umso wichtiger, sich gesund zu ernähren. Mit einer Ernährungsumstellung haben Sie also ein wirkungsvolles Werkzeug in der Hand, um einer Arthrose vorzubeugen. Vor allem Omega-3-Fettsäuren tragen zum Erhalt gesunder Gelenke bei. Aber auch Antioxidantien, wie die Vitamine E und C, sorgen für gesunde Knorpel.

Belastungsfehler: Wenn die Gelenke und der Knorpel dauerhaft falsch belastet werden, kann es zu ungesundem Knorpelverschleiß kommen. Ein Beispiel für schädliche Belastung ist etwa Hochleistungssport. Deutlich gesünder sind moderate Bewegungsarten wie Gehen, Laufen oder Radfahren.

Verletzungen: Durch Unfälle, Stöße oder Schläge kann es zu Rissen im Knorpel sowie in den umliegenden Bändern kommen, wodurch langfristig Arthrose entstehen kann.

Angeborene Verformungen: Durch angeborene Verformung der Gelenkoberfläche kann sich ebenfalls eine Arthrose entwickeln. Diese betrifft in der Regel vor allem Daumen- und Fingergelenke.

Typische Arthrose-Beschwerden

Arthrose entwickelt sich oft sehr langsam. In ihrer Frühform verursacht sie in der Regel keine Schmerzen und bleibt daher zunächst unbemerkt. Der Gelenkverschleiß zeigt sich meist zuerst dadurch, dass sich das betroffene Gelenk nach längerer Ruhepause steif und unbeweglich anfühlt. Durch Bewegung verbessert sich der Zustand zwar zunächst, doch bei längerer Belastung kommt es dann schnell zur Ermüdung des arthrotischen Gelenks und die typischen Schmerzen treten auf, oft begleitet von einem reibenden, knirschenden Geräusch. Mit fortschreitender Arthrose schwellen die Gelenke zudem an und verformen sich, Schmerzen treten auch im Ruhezustand auf.

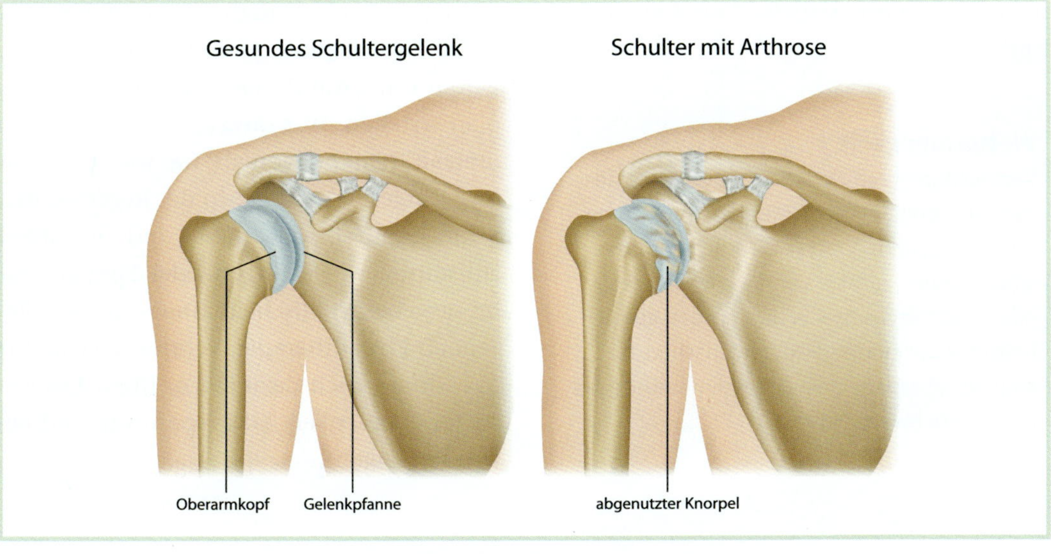

Typisch ist der sogenannte Anlaufschmerz, wenn also die ersten Bewegungen nach einer Ruhephase besonders schmerzhaft sind, zum Beispiel die Schmerzen beim Aufstehen aus einem Sessel. Sind die Gelenke dann „eingelaufen“, lässt der Schmerz in der Regel nach, kann aber bei längerer oder stärkerer Belastung wieder kommen. Diese Phase kann sich über mehrere Jahre hinziehen.

Wird die Arthrose nicht behandelt, kommen im weiteren Verlauf Muskelverspannungen und Bewegungseinschränkungen dazu sowie Schmerzen, die auch im Ruhezustand auftreten. Das Gelenk wird zunehmend unbeweglicher und steifer. Im fortgeschrittenen Stadium kann auch eine sehr schmerzhafte Entzündung auftreten, verbunden mit einer Schwellung im betroffenen Gelenk, das nennt der Arzt dann aktivierte Arthrose. Die Bewegungsfreiheit des Gelenks wird immer weiter eingeschränkt, bis das Gelenk sich schließlich verformt und versteift. Aber so weit muss es nicht kommen, denn gegen Arthrose lässt sich einiges tun!

Wetterfühligkeit

Vielleicht gehören auch Sie zu den Betroffenen, bei denen die arthrotischen Symptome bei feuchtkaltem Wetter stärker zu spüren sind? Studien zufolge können die sich bei einem Wetterwechsel verändernden Luftverhältnisse bei empfindlichen Menschen zu einer vorübergehenden Verschlimmerung der Gelenkbeschwerden führen.

Die Behandlung von Arthrose

Ärzten stehen heute verschiedene Therapieverfahren zur Behandlung einer Arthrose zur Verfügung. Vor dem Hintergrund der unterschiedlichen Entstehungsursachen von Arthrose und Gelenkentzündungen, sollten vor allem diese Therapieziele verfolgt werden:

- die Entzündung stoppen
- die Schmerzen reduzieren
- den Abbau des Knorpels aufhalten
- die Gelenkfunktion erhalten

Um zu erkennen, inwieweit der Knochen bzw. der Knorpel beschädigt ist, wird der Arzt eine Gelenkspiegelung (Arthroskopie) durchführen. Über einen kleinen Hautschnitt wird dabei eine Art Videokamera eingeführt und der Zustand des Gelenkes genau untersucht. Unter Umständen ist es dabei schon möglich, mittels bestimmter Instrumente die Knorpeloberfläche zu glätten und abgeriebene Knorpel- und Knochenpartikel zu entfernen, um die Beschwerden des Patienten langfristig zu lindern.

Ist die Diagnose gestellt und gesichert, wird Ihr Arzt mit Ihnen einen Behandlungsplan erstellen. Was dieser Behandlungsplan umfasst, hängt davon ab, wie weit die Arthrose fortgeschritten ist. In der Regel werden Schmerzmittel verordnet und eventuell Hilfsmittel wie Einlagen oder Spezialschuhe, gegebenenfalls bekommen Sie ein Rezept für Physiotherapie. Vermutlich wird Ihr Arzt Ihnen auch dazu raten, Ihren Lebensstil zu überdenken, was Ernährung und Bewegung angeht.

Medikamentöse Behandlung

Das oberste Therapieziel neben der Wiederherstellung der Gelenkfunktion ist es, dem Patienten die Schmerzen zu nehmen und einer Entzündung vorzubeugen bzw. sie zu bekämpfen. Hierfür stehen dem Arzt verschiedene Medikamente und Verfahren zur Verfügung.

Nichtsteroidale Antirheumatika (NSAR) hemmen die Bildung von Schmerzbotenstoffen (Prostaglandine) im Gehirn. Diese sind nicht nur für die Schmerzentstehung und -weiterleitung verantwortlich, sondern auch für die Entwicklung von Entzündungen sowie für die Erhöhung der Körpertemperatur bis hin zu Fieber. NSAR blockieren die Enzyme Cyclooxygenase (COX) I und II – zwei Eiweiße, die zur Bildung der Prostaglandine benötigt werden. Schmerzen, Entzündungen und Fieber werden dadurch gelindert. Zu den NSAR gehören unter anderem die Wirkstoffe Ibuprofen, Diclofenac, Naxopren und Paracetamol. Bei diesen Wirkstoffen kommt es allerdings oft zu Nebenwirkungen wie Übelkeit und Magen-Darm-Beschwerden. Außerdem haben sie blutverdünnende Eigenschaften, weshalb das Risiko einer Herzgefäßerkrankung nicht auszuschließen ist.

Die Wirkstoffgruppe der Coxibe ist etwas magenfreundlicher. Wenn Sie unsicher sind, bestimmte Wirkstoffe nicht vertragen oder einen empfindlichen Magen haben, sollten Sie zusammen mit Ihrem Arzt entscheiden, welche Art von Medikamenten für Sie geeigneter ist. Nichtsteroidale Antirheumatika gibt es auch in Salbenform zum Auftragen.

Kortison ist ein Wirkstoff aus der Gruppe der Glukokortikoide. Im Organismus kommt es natürlicherweise als Hormon vor und wird in den Nebennieren gebildet. Kortison spielt eine wichtige Rolle beim Stoffwechsel und im Immunsystem. Zum Beispiel unterdrückt es Abwehrreaktionen des Körpers wie etwa eine Entzündung. Wenn das körpereigene Kortison nicht ausreicht, um einen entzündlichen Prozess zu stoppen, werden kortisonhaltige Medikamente verschrieben. Diese bremsen die Reaktion des Organismus auf einen Entzündungsreiz – zum Beispiel an den Gelenken.

Bei starken Entzündungen kann Kortison auch direkt in das Gelenk injiziert werden. Wichtig ist, dass Sie die Einnahmedauer und -menge der verschriebenen Kortisonpräparate beachten, um Nebenwirkungen wie beispielsweise Wassereinlagerungen oder Bluthochdruck zu vermeiden. Die Behandlung mit Kortison kann zudem zu einer Gewichtszunahme führen, was für die Arthrose eher kontraproduktiv ist und durch entsprechende Ernährung ausgeglichen werden kann.

Eine weitere Möglichkeit medikamentöser Behandlung ist die Injektion von Lokalanästhetika, also Betäubungsmitteln, direkt in das Gelenk. Zudem kann Hyaluronsäure verabreicht werden, um die Bildung von Gelenkschmiere anzuregen. Es ist allerdings bisher nicht nachgewiesen, ob diese Art der Behandlung lange vorhält.

Pflanzliche Mittel: Antirheumatika, die auf pflanzlicher Basis hergestellt werden, enthalten die Wirkstoffe von Teufelskrallenwurzel und Weidenrindenextrakt. Die Wirkstoffe wirken schmerzlindernd und entzündungshemmend, und anders als bei ihren chemischen Äquivalenten besteht bei pflanzlichen Heilmitteln – außer im Falle einer allergischen Reaktion – kein Risiko unerwünschter Nebenwirkungen. Besprechen Sie mit Ihrem Arzt, inwieweit die Einnahme pflanzlicher Präparate sinnvoll sein kann.

Glucosamin heißt der körpereigene Stoff, der das Knorpelgewebe nährt. Zur Behandlung einer Arthrose können auch Medikamente mit diesem Wirkstoff verabreicht werden. Sie sollten im Idealfall bereits in einem frühen Krankheitsstadium eingesetzt und langfristig eingenommen werden.

Orthopädietechnik

Um Arthrosepatienten Linderung zu verschaffen, gibt es zudem unterschiedliche Maßnahmen aus der Orthopädietechnik: Gehhilfe, Stock oder Rollator, aber auch Schuheinlagen und speziell angefertigte Schuhe können Erleichterung bringen. Wichtig bei all diesen Maßnahmen ist, dass sie die Belastung der Gelenke minimieren. Im Einzelfall – etwa beim Kniegelenk – können auch Bandagen hilfreich sein.

Physikalische Therapie

Neben Schmerzbekämpfung und orthopädischen Maßnahmen ist die physikalische Therapie ein wichtiger Baustein in der Arthrosebehandlung. Hier haben sich vor allem Krankengymnastik, manuelle Therapie, Muskel- und Krafttraining sowie Wärme- und Kältebehandlung als wirksam erwiesen, ebenso wie Elektrotherapie und Massage. Ziel ist es, die das Gelenk umgebende Muskulatur zu stärken, um die lädierten Gelenke zu schonen. Auch die Akupunktur wird häufig als eine Möglichkeit zur nachhaltigen Linderung von Arthrosebeschwerden in Betracht gezogen.

Gewichtsreduktion

Die Hauptursache für die Entstehung einer sekundären Arthrose ist Übergewicht. Die oben genannten Behandlungsmaßnahmen können lediglich die Symptome lindern – wenn das Gelenk jedoch weiterhin überbeansprucht wird, können auch diese irgendwann nichts mehr ausrichten. Zu viel Gewicht führt zu einem erhöhten Druck auf die Gelenke. Vor allem Arthrosen in Knie- und Hüftgelenken sind häufig die Folge von Übergewicht. Diese Gelenke sind dann doppelt gefährdet: zum einen durch die starke Belastung aufgrund der überflüssigen Pfunde, zum anderen durch die fortschreitende Arthrose.

Der Body-Mass-Index

Zielwert beim Abnehmen ist ein Body-Mass-Index (BMI) zwischen 18,5 und 25. Dieser wird berechnet, indem das Körpergewicht durch die Körpergröße im Quadrat geteilt wird. Dazu ein Beispiel: Bei einem Gewicht von 75 Kilogramm und einer Größe von 1,70 Metern lautet die Formel: 75 : 2,89 = 26.

Und so wird der BMI bewertet:

BMI ab 40: starkes Übergewicht
BMI 30–39: Übergewicht
BMI 26–29: leichtes Übergewicht
BMI 18,5–25: Ihr Gewicht ist in Ordnung
BMI <18,5: Untergewicht

Bewegung und Sport

Menschen mit Arthrose vermeiden aufgrund der Schmerzen und der eingeschränkten Beweglichkeit ihrer Gelenke regelmäßige körperliche Betätigung. Das ist zwar verständlich, aber aus medizinischer Sicht leider der falsche Weg, denn gerade durch (moderate) Bewegung wird die Bildung von Gelenkflüssigkeit angeregt und der Knorpel vor Verschleiß bewahrt. Außerdem werden bei mangelnder Bewegung zu wenig Kalorien verbraucht – was wiederum zu Übergewicht und somit zu einer Verschlimmerung der Arthrosesymptome führen kann, sofern die Ernährung nicht entsprechend angepasst wird.

Ihr Motto sollte also lauten: mindestens dreimal pro Woche (besser täglich) etwa 30 Minuten körperliche Betätigung. Geeignete Bewegungs- und Sportarten bei Arthrose sind zum Beispiel Spazierengehen, Nordic Walking, Schwimmen, Radfahren, Yoga und Gymnastik. Wer gerne Ski fährt, kann dies in Form von Langlauf tun. Die meisten dieser Bewegungsarten sind auch im Alter noch möglich. Ziel ist es, die Muskulatur zu stärken, damit die Gelenke entlastet werden. Wenn Sie ein kleines Bewegungsprogramm in Ihren Alltag einbauen, dann ist das nicht nur gut für Ihre Gelenke und lindert langfristig den Schmerz, sondern Sie unterstützen den gesamten Organismus dabei, bis ins hohe Alter fit zu bleiben.

Vegetarisch essen bei Arthrose

Wie Sie nun wissen, sind Bewegung und Gewichtsabnahme der Königsweg bei sekundärer Arthrose. Darüber hinaus können Sie der Entstehung einer primären Arthrose vorbeugen bzw. deren Verlauf verlangsamen. Dabei spielt die Ernährung eine wichtige Rolle. Empfohlen wird eine vegetarische Ernährung. Der moderate Verzehr von Fisch ist wegen der darin enthaltenen gesunden Fettsäuren ebenfalls sinnvoll, daher finden Sie in diesem Buch einige ausgewählte Fischrezepte. Auch auf Milchprodukte müssen Sie nicht ganz verzichten, wenn Sie den Fettgehalt im Blick behalten. Insgesamt geht es darum, auf eine ausgewogene Zufuhr aller benötigten Nährstoffe zu achten. Welche das sind und in welchen Nahrungsmitteln Sie sie finden, erfahren Sie ab Seite 14.

Formen von Vegetarismus

Vegetarier essen nichts von toten, sondern nur von lebenden Tieren – also auch Milchprodukte, Eier und Honig. Doch es gibt noch weitere Arten des Vegetarismus. Ovo-Vegetarier verspeisen kein Fleisch, Fisch oder Milchprodukte, essen aber Eier. Lacto-Vegetarier essen kein Fleisch, Fisch und Eier, aber Milchprodukte. Ovo-Lacto-Vegetarier essen kein Fleisch und Fisch, aber Eier und Milchprodukte. Ovo-Lacto-Pisce-Vegetarier sind eine Erweiterung des Ovo-Lacto-Vegetariers – sie essen auch noch Fisch. Diese Form von Vegetarismus eignet sich für Menschen mit Arthrose besonders gut, da diese von den Vorzügen einer vegetarischen Ernährung profitieren, ohne auf die entzündungshemmenden Fettsäuren in Fisch zu verzichten.

Säuren und Basen in Balance

Unser Körperstoffwechsel funktioniert mithilfe eines ausgeglichenen Säure-Basen-Haushaltes. Dieser wird durch die Ernährung geschaffen. Es gibt säurehaltige und basische Lebensmittel. Säurehaltige Lebensmittel sind zum Beispiel Fleisch, Käse, Süßigkeiten, Kuchen, Nudeln, Softdrinks, alkoholische Getränke sowie zahlreiche stark verarbeitete Fertigprodukte. Zu den stark basischen Lebensmitteln gehören Karotten, Sellerie, dunkle Blattsalate, grüne Bohnen, Blumenkohl, Spinat, Tomaten, Gurken, Rote Bete, weiße Bohnen und Bananen. Andere Obstsorten sind schwach bis mittel basisch.

Sind es einmal zu viele Säuren im Stoffwechsel, kann der Körper sie durch die aufgenommenen Basen ausgleichen und sie werden über die die Nieren ausgeschieden. Nehmen wir jedoch kontinuierlich zu viele säurehaltige Lebensmittel zu uns, funktioniert dieses Entgiftungssystem nicht mehr und der Körper übersäuert. Die schädlichen Stoffe werden dann unter anderem in Knochen und Muskeln abgelagert, kristallisieren dort und rufen Entzündungen hervor, was den Knorpelabrieb beschleunigt und langfristig zu Arthrose führen kann.

Arachidonsäure vermeiden

Zu den wichtigsten Faktoren bei der Entstehung einer Entzündung zählt die Arachidonsäure, die zu den mehrfach ungesättigten Fettsäuren (Omega-6-Fettsäuren) gehört und vor allem in tierischen Lebensmitteln vorkommt. Arachidonsäure wird im Körper aus Linolsäure hergestellt oder mit der Nahrung aufgenommen. Im menschlichen Organismus wird sie für die Bildung von Hormonen sowie für die Stärkung des Immunsystems benötigt. Sie hat also in einem ausgeglichenen Säure-Basen-Haushalt durchaus eine positive Funktion.

Die Arachidonsäure liefert die Bausteine für Hormone, mit denen der Körper die Immunabwehr aktivieren kann. Das Gegenstück, sozusagen den Ausschalter, liefern hauptsächlich die Omega-3-Fettsäuren.

Erhält der Körper über die Nahrung zu viel Arachidonsäure, droht das System zu kippen, denn bei ihrer Verstoffwechselung entstehen Abbauprodukte, die entzündungsfördernd wirken. Menschen, die unter entzündlichen Gelenkerkrankungen wie Arthrose leiden, sollten Arachidonsäure daher nur in Maßen zu sich nehmen – und auf Fleisch möglichst verzichten, denn in hoher Konzentration findet man die ungesättigte Fettsäure vor allem in Schweineschmalz, Leber und Speck. Aber auch andere Fleischsorten oder Butter sind reich an Arachidonsäure.

Arachidonsäure in verschiedenen Lebensmitteln

LEBENSMITTEL	mg/100 g
Schweineschmalz	1.700
Schweineleber	460
Hähnchenfleisch	170
Butter	110
Ei	60
Karpfen	60
geräucherte Makrele	60
Kalbsfleisch	50
gekochter Schinken	50
Emmentalerkäse, 45 % Fett	30
Edamerkäse, 45 % Fett	28
Camembert, 45 % Fett	22
Milch, 3,5 % Fett	4
Joghurt, 1,5 % Fett	2
Kartoffeln, Obst, Gemüse, Nüsse	0
Sojaprodukte	0
Pflanzliche Fette und Öle	0

Die richtigen Fette aufnehmen

Der Gegenspieler der Arachidonsäure ist die Omega-3-Fettsäure, die unter anderem die Bildung von Entzündungsstoffen hemmt. Sie ist vor allem in bestimmten Fischsorten (z. B. Hering, Lachs), verschiedenen Ölen (Rapsöl, Leinöl, Walnussöl) sowie in grünen Gemüsen wie Grünkohl, Avocado und Bohnen enthalten. Ihr zur Seite stehen die antioxidativ wirkenden Vitamine C und E. Für eine arthrosegerechte Ernährung sollten Sie also insbesondere auf eine hohe Zufuhr von Omega-3-Fettsäuren sowie Vitamin C und E achten.

Im Folgenden finden Sie eine Auflistung von vegetarischen Nahrungsmitteln und von Fisch, die einen hohen Anteil an Omega-3-Fettsäuren enthalten. So sehen Sie auf einen Blick, welche Lebensmittel häufiger mit auf dem Speiseplan stehen dürfen. Wenn Sie auf ein ausgewogenes Verhältnis zwischen den Fettsäuren achten, steht dem Organismus weniger Arachidonsäure zur Verfügung – und damit weniger Ausgangssubstanz für mögliche Entzündungsreaktionen. Ein gesundes Verhältnis von Omega-3- zu Omega-6-Fettäuren bei der Nahrungsaufnahme beträgt laut der Deutschen Gesellschaft für Ernährung e. V. (DGE) etwa 1:5. So kann die mehrfach ungesättigte Omega-6-Fettsäure ihre positiven Eigenschaften entfalten, wird aber von der Omega-3-Fettsäure ausreichend im Zaum gehalten, um im Körper keine unerwünschten Effekte hervorzurufen.

Vegetarische Omega-3-Lieferanten – Öle

LEBENSMITTEL	g/100 g
Leinöl	60,0
Hanföl	17,0
Walnussöl	12,2
Rapsöl	9,0
Sojaöl	7,7

Vegetarische Omega-3-Lieferanten – Gemüse

LEBENSMITTEL	g/100 g
Kichererbsen	0,64
Mungobohnen	0,54
Kidneybohnen	0,52
Sojasprossen	0,52
Grünkohl	0,44
Rosenkohl	0,24
Avocado	0,10

Vegetarische Omega-3-Lieferanten – Nüsse und Samen

LEBENSMITTEL	g/100 g
Hanfsamen	30,0
Mandeln	26,0
Leinsamen	20,0
Chiasamen	18,0
Walnüsse	10,0

Omega-3-Lieferanten – Fisch

LEBENSMITTEL	g/100 g
Sardinen	2,1
Hering	1,9
Lachs	1,7
Makrele	1,3
Thunfisch	0,8
Forelle	1,0

Wichtige Nährstoffe

Um seine Aufgaben optimal erfüllen zu können, benötigt der Organismus hochwertiges Eiweiß, pflanzliche Fette, komplexe Kohlenhydrate, Ballaststoffe sowie Vitamine und Mineralstoffe. Im Folgenden bekommen Sie einen Eindruck davon, worauf Sie in puncto Nährstoffe bei Ihrer Ernährung achten können. Sind alle wichtigen Bausteine in ausreichender und ausgewogener Menge vorhanden, haben Sie Ihren Beitrag zu einer arthrosegesunden Ernährung geleistet.

Eiweiß

Eiweiß ist ein wichtiger Baustein des Körpers. Die Aminosäuren als Teile der Eiweiße werden zum Aufbau von Muskeln, Organen, Haut, Haaren, Nägeln sowie – für Sie als Arthrosepatient besonders wichtig – Knorpeln und Knochen benötigt. Da diese Eiweißbestandteile ständig erneuert werden müssen, ist es wichtig, dass wir dem Organismus mit der Nahrung kontinuierlich neue Eiweiße zuführen.

Eiweiß kommt vor allem in tierischen Produkten wie Fleisch, Fisch, Milcherzeugnissen und Eiern vor. Aber auch pflanzliche Produkte sind zuverlässige Eiweißlieferanten. Davon abgesehen, dass pflanzliches Eiweiß für uns Menschen allgemein besser verträglich ist, hat es den Vorteil, dass Sie Fleisch und Co Ihren Gelenken zuliebe vom Speiseplan streichen können, ohne damit auf wichtige Nährstoffe zu verzichten. Die Deutsche Gesellschaft für Ernährung e. V. (DGE) empfiehlt für gesunde Menschen etwa 0,8 Gramm Eiweiß pro Tag pro Kilogramm Körpergewicht. Für Sie als Arthrosepatient sollte dieser Wert die absolute Obergrenze sein.

Vegane Lebensmittel, die Eiweiß enthalten

Hülsenfrüchte (Erbsen, Bohnen, Linsen sowie deren Sprossen), Nüsse und Samen (Haselnüsse, Walnüsse, Cashew-, Sonnenblumen- und Kürbiskerne sowie Chiasamen), Sojaprodukte (Tofu, Miso, Tempeh) und Vollkorngetreide (Dinkel, Roggen, Weizen, Hafer und Hirse). Auch Vollkornreis, Buchweizen, Mais und Quinoa sind zuverlässige Eiweißlieferanten, die auf Ihrem Teller für Abwechslung sorgen.

Vegetarische Lebensmittel, die Eiweiß enthalten

Eier sowie Milch und Milchprodukte wie Käse, Quark und Joghurt.

Fette

Fette sind wichtige Energielieferanten für unseren Körper. Er braucht sie, um Hormone herzustellen und Zellwände aufzubauen.

Außerdem benötigt der Organismus die in den Fetten enthaltenen Fettsäuren, um die Vitamine A, D und E aus der Nahrung herauszulösen und zu verstoffwechseln. Da Fette mit 9 Kilokalorien pro Gramm mehr als doppelt so viel Energie liefern wie Eiweiß und Kohlenhydrate, ist es wichtig, darauf zu achten, wie viel und welche Fette man zu sich nimmt.

Fette werden in Form von Fettsäuren aufgenommen. Hierbei wird zwischen den gesättigten, den einfach ungesättigten und den mehrfach ungesättigten Fettsäuren unterschieden. Gesättigte Fettsäuren stellt der Körper selbst her; als Nahrungsbestandteil kommen sie in vielen tierischen Lebensmitteln wie fetten Wurst- und Käsesorten sowie in Butter und Süßspeisen vor. Diese Fettsäuren wirken sich unter anderem ungünstig auf den Cholesterinspiegel aus und können bei erhöhter Konsumierung für Übergewicht sorgen – eine der Hauptursachen für Arthrose.

Zu den mehrfach ungesättigten Fettsäuren zählen die bereits erwähnten Omega-6- und Omega-3-Fettsäuren. Beide sind wichtig für diverse Prozesse im Körper und sollten daher in ausgewogener Menge über die Nahrung aufgenommen werden. Aufgrund der entzündlichen Eigenschaften der Omega-6-Fettsäuren sollten Sie diese in Maßen genießen; Omega-3-Fettsäuren hingegen haben auf Ihrem Speiseplan einen Platz an erster Stelle verdient.

Insgesamt sollte die tägliche Zufuhr an Fett zwischen 70 und 80 Gramm (bzw. einem Gramm Fett pro Kilogramm Körpergewicht) liegen. Das entspricht etwa einem Drittel der täglich benötigten Energiemenge. Hierbei ist es ratsam, den Anteil an tierischen bzw. gesättigten Fetten zu reduzieren oder diese nach Möglichkeit ganz zu vermeiden. Ausgenommen sind wie bereits erwähnt Fettfische, die Omega-3-Fettsäure enthalten.

Vegetarische Lebensmittel, die ungesättigte Fettsäuren enthalten
Pflanzliche Margarine, Walnuss-, Lein-, Soja- und Hanföl für Dressing und zum kalten Verbrauch (zum Kochen und Braten geeignet sind: hoch erhitzbares Oliven- und Rapsöl). Wenn Sie Fisch essen, dann sind fettreiche Fische wie Lachs, Makrele, Hering und Thunfisch am besten geeignet.

Kohlenhydrate

Kohlenhydrate sind Energieträger. Vor allem unser Gehirn, die Muskeln und Nerven benötigen sie, um zu funktionieren. Die Kohlenhydrate werden im Körper in Zucker aufgespalten, wobei zwischen Einfach-, Doppel- und Mehrfachzucker unterschieden wird. Einfachzucker sind Traubenzucker oder Glukose sowie Fruchtzucker bzw. Fruktose. Industriezucker und Weißmehl gehören zu den Kohlenhydraten mit Doppelzucker, die häufig für Erkrankungen, unter anderem Entzündungen im Körper, verantwortlich gemacht werden. Doppelzucker sind ebenfalls in Rohrzucker und Milch (Laktose) enthalten.

Wenn Sie unter Arthrose leiden, sollten Sie also nach Möglichkeit auf Nahrungsmittel mit Einfach- und Doppelzuckern verzichten. Sie werden schnell vom Körper verarbeitet, der Blutzuckerspiegel steigt rapide an und fällt ähnlich rasant wieder ab – das

Sättigungsgefühl hält nicht lange an. Zu empfehlen sind stattdessen Vollkornprodukte, Hülsenfrüchte, Gemüse, Obst und Kartoffeln. Die in diesen Lebensmitteln enthaltenen Kohlenhydrate in Form von Mehrfachzucker brauchen länger, um aufgespalten und dem Körper zugeführt zu werden. Dadurch steigt der Blutzuckerspiegel nur langsam an, man ist länger satt und isst insgesamt weniger. Die Vermeidung von ungesunden Zuckern unterstützt somit die Gewichtsreduktion, die – wie Sie bereits wissen – zur Entlastung der Gelenke und somit zur Linderung der Arthrosesymptome führt. Entzündungen werden zudem vermieden und der Körper wird mit lebenswichtiger Energie versorgt.

Vegetarische Lebensmittel, die Mehrfachzucker enthalten

Vollkornprodukte aller Art, Hülsenfrüchte (z. B. Erbsen, Bohnen) sowie Kartoffeln, Reis und Gemüse

Ballaststoffe

Ballaststoffe sind Kohlenhydrate, die nicht wie Stärke oder Zucker in Glukose umgebaut werden, sondern den Darm unverdaut passieren und damit zu einer geregelten Verdauung beitragen: Die Pflanzenfasern quellen im Dickdarm auf und beschleunigen dadurch den Weg der Nahrung durch den Darm. Das kann vor Verstopfung schützen und Darmerkrankungen sowie Krebs vorbeugen. Auch für Arthrosepatienten ist eine geregelte Verdauung wichtig: Schadstoffe aus der Nahrung bleiben nicht zu lange im Organismus und können sich somit nicht in den Gelenken ansammeln.

Unterschieden wird zwischen wasserlöslichen und wasserunlöslichen Ballaststoffen. Wasserlösliche Ballaststoffe kommen vor allem in Obst und Gemüse vor, während die wasserunlöslichen eher in Getreide und Hülsenfrüchten zu finden sind. Für eine gesunde Verdauung wird empfohlen, viel ballaststoffreiche Nahrung zu sich zu nehmen, wie Vollkornprodukte, Kleie, Leinsamen,

Kartoffeln, Gemüse und Obst. Die Obstmenge sollte dabei allerdings keinen zu großen Anteil ausmachen, da in Obst Fruktose (Einfachzucker) enthalten ist, der zwar kurzfristig für Energie sorgt, aber nicht lange satt macht. Empfohlen werden für einen Erwachsenen etwa 30 bis 40 Gramm Ballaststoffe pro Tag.

Die Nährstoffe auf Ihrem Teller

Energieliefernde Nährstoffe: Kohlenhydrate, Fette, Eiweiße

Nicht energieliefernde Nährstoffe: Wasser, Mineralstoffe, Vitamine

Vitamine und Mineralstoffe

Vitamine und Mineralstoffe gehören zu den Mikronährstoffen. Sie liefern keine Energie, werden aber vom Organismus benötigt, um Eiweiße, Fette und Kohlenhydrate optimal aufzunehmen und zu verwerten. Vitamine unterstützen zudem das Immunsystem und werden zum Aufbau von Zellen, Knochen, Zähnen und roten Blutkörperchen benötigt. Auch hier gibt es wasserlösliche und wasserunlösliche bzw. fettlösliche Varianten: Wasserlösliche Vitamine wie Vitamin C kann der Körper nicht speichern. Bei chronischen Entzündungen im Körper, wie einer Arthrose, gibt es einen höheren Bedarf an den Antioxidantien Vitamin C und Vitamin E sowie dem Spurenelement Selen. Wie Sie bereits erfahren haben, können diese Vitamine die Umwandlung der Arachidonsäure in Entzündungsstoffe hemmen.

Vitamin C unterstützt das Immunsystem und wirkt gegen freie Radikale im Körper, die durch Oxidation zu gesundheitlichen Beeinträchtigungen führen können. Den Gelenkknorpel schützt es vor Abbauprozessen; zudem ist es wichtig für die Bildung von Kollagen im Knorpel. Außerdem hilft es dabei, das durch die entzündliche Arthrose vermehrt aufgebrauchte Vitamin E wiederherzustellen. Der Bedarf an Vitamin C bei Arthrose beträgt bei Erwachsenen pro Tag zwischen 150 und 500 Milligramm, bei gesunden Menschen liegt der Tagesbedarf bei etwa 100 Milligramm pro Tag.

Vegetarische Vitamin-C-Lieferanten

LEBENSMITTEL	mg/100 g
Hagebuttenmark	2.060
Schwarze Johannisbeere	189
Rote Paprika	140
Grüne Paprika	139
Brokkoli	115
Rosenkohl	112
Fenchel	93
Papaya	82
Blumenkohl	73
Kiwi	71
Erdbeere	65
Orange	45

Vitamin E ist ein wichtiges Vitamin für Menschen, die an Arthrose leiden, denn es hilft gegen die entzündlich bedingten Schmerzen, verringert die Morgensteifigkeit der Gelenke und trägt zu mehr Beweglichkeit bei. Der Mehrverbrauch des Vitamins sorgt dafür, dass viele Arthrosepatienten zu wenig Vitamin E im Körper haben. Der tägliche

Bedarf des Antioxidans bei Arthrose liegt bei 120 bis 150 Milligramm für einen betroffenen Erwachsenen, was in etwa dem zehnfachen Bedarf eines Gesunden entspricht.

Neben dem Verzehr von Vitamin-E-reichen Lebensmitteln sollten Sie die zusätzliche Einnahme des Vitamins in Form von Nahrungsergänzungsmitteln in Erwägung ziehen. Hier bietet sich eine Blutuntersuchung beim Arzt an, um den Vitamin-E-Gehalt Ihres Blutes untersuchen zu lassen. Da Vitamin E zu den fettlöslichen Vitaminen gehört, kann es im Körper gespeichert werden. Damit dieser Prozess reibungslos funktioniert, sollten Sie beim Verzehr bzw. der Einnahme von Vitamin E immer darauf achten, dass sie in Kombination mit fetthaltigen Lebensmitteln erfolgt – idealerweise Omega-3-Fettsäuren.

Vegetarische Vitamin-E-Lieferanten

LEBENSMITTEL	mg/100 g
Weizenkeimöl	155
Sonnenblumenöl	61
Pflanzliche Öle, Linolsäure 30–60 %	61
Distelöl	44
Sonnenblumenkerne	37
Haselnüsse	26
Mandeln	26
Maiskeimöl	26
Palmkernfett	26

Vitamin D braucht der Körper, um zusammen mit dem Mineralstoff Kalzium die Knochensubstanz zu erhalten. Ein Vitamin-D-Mangel kann zu Osteoporose, also Knochenschwund führen, der häufig in Verbindung mit einer entzündlichen Arthrose auftritt. Auch wenn der Patient zusätzlich mit Hydrokortison behandelt wird, ist der Vitamin-D-Bedarf erhöht, da bei der Verstoffwechslung des Medikamentes Vitamin D benötigt wird. Mediziner empfehlen, bei Arthrose täglich 1 bis 1,5 Gramm Vitamin D zu sich zu nehmen – das ist etwa dreimal so viel, wie ein gesunder Mensch benötigt. Vitamin D kann zusätzlich zur Nahrung auch über die Sonneneinstrahlung auf der Haut aufgenommen werden.

Vegetarische Vitamin-D-Lieferanten

LEBENSMITTEL	mg/100 g
Hering	27
Lachs	22
Thunfisch	6
Avocado	5
Steinpilze	4
Ei	3
Frischkäse	2,7
Pfifferlinge	2,6
Champignons	2,3
dunkle Schokolade	1,9–5,5
Goudakäse	1,3
Butter	1,2

Kalzium wird im Darm aus der Nahrung aufgenommen. Vitamin D unterstützt diesen Prozess. Danach wird das Kalzium über das Blut zum Knochen transportiert, wo es für den Knochenstoffwechsel sorgt und die Festigkeit des Knochens fördert. Bei Arthrose sollten täglich 1 bis 1,2 Gramm Kalzium mit der Nahrung aufgenommen werden. Da in vielen Mineralwässern Kalzium enthalten ist, lohnt es sich, viel zu trinken. Zurückhaltend hingegen sollten Sie bei fettigem Käse sein und besser auf pflanzliche Alternativen setzen.

Vegetarische Kalzium-Lieferanten

LEBENSMITTEL	mg/100 g
Parmesan, 36 % Fett	1.178
Emmentaler, 45 % Fett	1.029
Gouda, 45 % Fett	820
Edamer, 30 % Fett	800
Mozzarella	632
Chiasamen	630
Mandeln	252
Haselnüsse	226
Grünkohl	210
Sojabohnen	201
Joghurt, 1 % Fett	130
Voll- und Magermilch	120
Brokkoli	110
Fenchel	110

Richtig trinken bei Arthrose

Unser Körper besteht zu etwa 60 Prozent aus Wasser. Es ist in allen Zellen, Organen und Körperflüssigkeiten vorhanden und daher lebensnotwendig. Zwischen 1,5 und 2 Liter sollte jeder Mensch täglich trinken. Ernährt man sich sehr ballaststoffreich, sollte es sogar noch mehr Flüssigkeit sein, da die Ballaststoffe Flüssigkeit benötigen, um aufzuquellen.

Zum Trinken geeignet sind vor allem besonders mineralstoffhaltige und natriumarme Mineralwässer, ungesüßte Kräuter- und Früchtetees sowie – je nach persönlichen Vorlieben – zuckerarme Limonaden. Auch verdünnte Obst- und Gemüsesäfte sind wegen der enthaltenen Vitamine und Mineralien zum Auffüllen des Flüssigkeitshaushaltes geeignet. Von Colagetränken und süßen Limonaden ist abzuraten. Schwarztee und Kaffee (ggf. mit Süßstoff) sind in Maßen zuträglich (nicht mehr als vier Tassen pro Tag).

Für Arthrosepatienten interessant ist zudem Grüner Tee, denn er enthält nicht nur Vitamin C, sondern auch weitere entzündungshemmende Stoffe, sogenannte sekundäre Pflanzenstoffe oder Polyphenole, die ebenfalls antioxidativ wirken. Bei Schmerzen im arthrotischen Gelenk kann es daher helfen, über den Tag verteilt bis zu vier Tassen Grüntee zu trinken (nicht heißer als 70 °C). Mit einer Zitronenscheibe sorgen Sie für zusätzliches Vitamin C.

Heilfasten hilft bei Arthrose

Studien haben gezeigt, dass regelmäßige Fastenperioden zu einer Verbesserung der Arthrosesymptome führen können. Ein Grund dafür ist sicherlich die Gewichtsabnahme, die besonders die Kniegelenke entlastet. Doch auch Patienten ohne Kniearthrose profitieren vom medizinischen Fasten. Grund dafür ist der Zusammenhang zwischen einer Ernährung mit tierischen Produkten und den sogenannten degenerativen Vorgängen: Der Verzehr von Fleisch und die damit verbundene Zufuhr von Arachidonsäure aus tierischen Fetten verstärkt die Entstehung von Entzündungen. Eine Reduktion des Säuregehaltes kann also helfen, die Entzündungen im Körper zu reduzieren. Hinzu kommt, dass der Köper während des Fastens verstärkt Cortisol produziert, das wie ein innerliches Schmerzmittel wirkt.

Heilfasten bedeutet nicht, über einen bestimmten Zeitraum auf jegliche Nahrung zu verzichten, mit allen Folgen für den Stoffwechsel. Dies wäre insbesondere für Arthrosepatienten kontraproduktiv, die Beschwerden würden sich noch verstärken. Beim Heilfasten nimmt der Fastende unter 500 kcal pro Tag zu sich und wird in der Regel dabei ärztlich begleitet.

In der Praxis läuft Heilfasten immer ähnlich ab: Nach einem Gesundheitscheck durch den Arzt essen Sie an den ersten Tagen, den sogenannten Entlastungstagen, nur Obst oder Reis, um den Magen auf das Fasten einzustellen. Vor dem eigentlichen Fasten wird abgeführt, am besten mit einem natürlichen Abführmittel wie in Wasser aufgelöstem Glaubersalz. Nun geht das Fasten richtig los. Beim strengen Heilfasten gibt es nur Wasser, Kräuter- und Früchtetees, Gemüsebrühe sowie Obst- und Gemüsesäfte. Beim modifizierten Fasten wie zum Beispiel nach Buchinger gibt es auch noch andere Nahrung wie Honig oder Buttermilch. Entscheidend ist, dass Sie pro Tag mindestens 3 Liter Flüssigkeit zu sich nehmen.

Sie beenden das Fasten in der Regel damit, dass Sie einen Apfel essen, den Sie langsam und gründlich kauen. So beugen Sie einer Überlastung des Magen-Darm-Systems vor. Nach einigen Stunden gibt es kleine Portionen von Reis, Kartoffelbrei oder anderen leicht verdaulichen Nahrungsmitteln. Um den Körper nach dem Heilfasten wieder an die übliche Nahrung zu gewöhnen, folgen mehrere Aufbautage.

Die wichtigsten Ernährungstipps auf einen Blick

Wenn Sie sehr abwechslungsreich und fleischarm essen und Fertigprodukte durch frische Lebensmittel ersetzen, sind Sie schon auf dem richtigen Weg. Denn auf diese Weise versorgen Sie den Organismus mit einer Vielzahl von Nährstoffen.

Das richtige Fett

Zu viel Arachidonsäure fördert Entzündungen im Körper. Sie ist vor allem in tierischem Eiweiß und tierischen Fetten enthalten: in rotem Fleisch und Wurst, fetter Milch, Käse, Butter und Eiern. Diese Lebensmittel sollten Sie wenn möglich von Ihrem Speiseplan streichen. Empfehlenswert sind dagegen Omega-3-Fettsäuren, die Gegenspieler der Arachidonsäure. Diese Fettsäuren kommen vor allem in Kaltwasserfischen wie Makrele und Hering vor, aber auch in Thunfisch und Lachs sowie in bestimmten Ölen (Raps-, Hanf-, Lein- und Walnussöl). Gute pflanzliche Omega-3-Quellen sind außerdem Algen, Nüsse, Soja sowie Rosenkohl, Spinat und Avocado.

Mehr Obst und Gemüse

Eine gesunde Ernährung sollte viel frisches Obst, Gemüse und Salat enthalten, sowohl als Rohkost als auch gegart. In diesen Lebensmitteln sind antioxidativ wirkende sekundäre Pflanzenstoffe, Biphenole und Bioflavonoide, enthalten, die das Vorkommen entzündungsfördernder Eiweiße im Körper hemmen. Besonders geeignet zum Verzehr bei Arthrose sind Zwiebeln, Knoblauch, Erbsen, Brokkoli und Heidelbeeren. Achten Sie zudem auf Obst- und Gemüsesorten, die Antioxidantien wie Vitamin C, E, D sowie Kalzium, Selen und Karotinoide enthalten. Sie beugen der Entstehung freier Radikale im Körper vor.

Kalzium für gesunde Knochen

Zur Stärkung und Erhaltung der Knochen ist eine kalziumreiche Ernährung wichtig. Im Zusammenspiel mit Vitamin D beugt es dem Knochenschwund (Osteoporose) vor, der oft gleichzeitig mit einer Arthrose auftreten kann. Hier gilt es, kalziumreiche Lebensmittel wie Grünkohl, Rucola, Sesam, Mandeln und Trockenfrüchte in den Speiseplan zu integrieren. Auch über kalziumreiche Mineralwässer können Sie diesen wichtigen Mineralstoff aufnehmen.

Zucker nur in Maßen

Wenn der Heißhunger auf Süßes kommt, sollten Sie nicht gleich zu Süßspeisen, Gebäck oder gezuckerten Getränken greifen. Sie enthalten meistens Industriezucker, der nicht nur für Sie als Arthrosepatient ungesund ist. Für den kleinen Hunger zwischendurch eignet sich stattdessen Trockenobst in kleinen Mengen, denn es enthält zwar Fruktose, jedoch auch jede Menge gesunde Mineralstoffe.

Mehr Vollkorn auf den Teller

Greifen Sie beim Einkauf so oft es geht nach Vollkornprodukten. Körner wie Dinkel, Weizen oder Hirse, aber auch Quinoa, Bulgur oder Polenta sind eine gute Alternative zu nährstoffarmen Weißmehlprodukten. Vollkornprodukte und Hülsenfrüchte enthalten viele Ballaststoffe und Kohlenhydrate, ebenso wie Vitamine und Mineralstoffe. Außerdem enthalten Hülsenfrüchte so gut wie kein Fett.

Viel trinken

Am besten geeignet sind mineralstoffreiche Mineralwässer, ungesüßte Kräuter- und Früchtetees, verdünnte Obst- und Gemüsesäfte, Schwarz- und Grüntee sowie Kaffee (nicht mehr als vier Tassen pro Tag). Alkoholische Getränke und gesüßte Limonaden gehören nicht in die tägliche Flüssigkeitsbilanz.

Gesund leben

Neben einer gesunden, ausgewogenen Ernährung, einer eventuellen Gewichtsreduktion und ausreichend Bewegung sollten Sie auch auf genügend Schlaf achten und zu viel Stress vermeiden. Rauchen ist ebenso ungesund wie zu viel Alkohol, aber das wissen Sie vermutlich bereits. Wenn Sie die Tipps und die Rezepte dieses Buches beherzigen, dann kann es gelingen, die Symptome Ihrer Arthrose zu lindern und eine hohe Lebensqualität zurückzugewinnen.

Gute und schlechte Lebensmittel auf einen Blick

Und hier noch eine Auflistung von Lebensmitteln, die Sie bevorzugen oder meiden sollten.

Brot, Getreide und Beilagen wie Nudeln, Kartoffeln, Reis (2 faustgroße Portionen pro Tag)

- Gut: Vollkornbrot, Haferflocken, Müsli ohne Zucker, Vollkornnudeln, Vollkornreis, Pellkartoffeln
- Besser nicht: Weißbrot, Toastbrot, Croissant, Knäckebrot, Zwieback, Weizen- und Milchbrötchen, Laugengebäck, Hartweizennudeln, geschälter Reis, Pommes, Kroketten, Kartoffelbrei, Pfannkuchen, Kartoffelpuffer

Snacks und Süßes

- Besser nicht: Süßigkeiten, süße Backwaren, süße Milchprodukte, Eiscreme, Chips, Salzgebäck

Obst (1 bis 2 faustgroße Portionen pro Tag)

- Gut: Aprikosen, Brombeeren, Clementinen, Erdbeeren, Heidelbeeren, Himbeeren, Johannisbeeren, Sauerkirschen, Kiwi, Nektarinen, Papaya, Orangen, Pflaumen, Pfirsiche, Stachelbeeren, Äpfel, Wassermelone, Zwetschgen
- In Maßen: Banane, Weintrauben, Kirsche, Ananas, Mango, Honigmelone, Birne
- Besser nicht: Gezuckerte Obstkonserven, kandiertes Trockenobst und Obstmus

Gemüse (2 bis 3 faustgroße Portionen pro Tag)

- Gut: Alle Salatsorten, Bohnen, Linsen, Erbsen, Möhren, Salatgurke, Fenchel, Artischocken, Spinat, Zucchini, alle Kohlarten, Radieschen, Spargel, Sauerkraut und alle Pilzarten
- In Maßen: Mais, Süßkartoffeln

Fisch und Meeresfrüchte

- Gut: Aal, Flusskrebs, Forelle, Garnelen, Hummer, Shrimps, Krabben, Heilbutt, Hering, Kabeljau, Karpfen, Lachs, Makrele, Sardine, Sardelle, Scholle, Seezunge, Steinbutt, Thunfisch
- Besser nicht: Fisch in Mayonnaise oder Sahne eingelegt

Wurstwaren und Fleisch (max. 1 bis 2 faustgroße Portionen pro Woche)

- In Maßen: Putenbrustaufschnitt, Hühnerfleisch, Rinderfilet, Kalbfleisch oder Wild
- Besser nicht: Schweinefleisch wie Schinkenspeck, Leberkäse, Nackenfleisch, Bauchspeck, Wurstwaren, paniertes Fleisch

Milch und Milchprodukte, Käse, Eier

- In Maßen (bis 300 ml tägl.): Milch 1,5 % Fett, Buttermilch, Speisequark 20 % Fett, Naturjoghurt 1,5 % Fett, Käse bis 45 % Fett i. Tr., Eier (max. 3 Stück pro Woche)
- Besser nicht: Mayonnaise, Sahne, Schmand, Crème fraîche, Pudding, Milchreis, Fruchtjoghurt, Fruchtquark, Kakaozubereitungen, Fruchtbuttermilch

Nüsse und Samen (1 kleine Handvoll pro Tag)

- Gut: Leinsamen, Chiasamen, Mandeln, Walnüsse, Haselnüsse, Cashewnüsse und Macadamianüsse, Pinienkerne, Kürbiskerne und Sonnenblumenkerne
- Besser nicht: Erdnüsse und gesalzene Nüsse

Fette und Öle (ca. 2 EL pro Tag)

- Gut: Olivenöl, Rapsöl, Walnussöl, Leinöl, Weizenkeimöl, Sojaöl
- In Maßen: Butter
- Besser nicht: Schweine-, Gänse- und Butterschmalz, Palmfett, Sonnenblumenöl, Distelöl

Getränke (ca. 2 l pro Tag)

- Gut: Wasser, ungezuckerter Tee, bis zu drei Tassen Kaffee
- Besser nicht: Fruchtsaft, Softdrinks, Milchmixgetränke, Alkohol

140 LECKERE, ENTZÜNDUNGSHEMMENDE REZEPTE

FRÜHSTÜCKSLECKEREIEN

BIRCHERMÜSLI MIT FRUCHTTOPPING

Vitaminkick am Morgen

Zubereitungszeit: 10 Minuten
Quellzeit: 8 Stunden

Nährwerte pro Portion
408 kcal/1.707 kJ
16 g Eiweiß, 17 g Fett, 45 g Kohlenhydrate
9 g Ballaststoffe, 375 mg Kalzium
14 mg Vitamin C, 2,9 mg Vitamin E
1,7 g Omega-3-Fettsäuren

Zutaten für 2 Portionen

Für das Müsli

- 1 EL Haselnüsse
- 4 geh. EL gemischte Vollkornflocken
- 1 EL Sesam
- 1 EL Leinsamen
- 1 EL Cranberries oder Rosinen
- 1 Msp. Vanilleextrakt (Rezept S. 116)
- 400 ml Kefir

Für das Topping

- 1 mittelgroßer Apfel (ca. 150 g)
- 1 Birne
- 1 EL Zitronensaft

Zubereitung

1 Haselnüsse grob hacken und mit Getreideflocken, Sesam, Leinsamen, Cranberries bzw. Rosinen und Vanilleextrakt vermischen.

2 Zusammen mit dem Kefir in eine mittelgroße Schüssel geben und vermengen. Die Masse mindestens 8 Stunden oder über Nacht im Kühlschrank quellen lassen.

3 Kurz vor dem Servieren Apfel und Birne waschen, halbieren, entkernen, in Würfel schneiden und mit dem Zitronensaft vermengen.

4 Das Birchermüsli in zwei tiefe Teller geben und die Fruchtwürfel darüber verteilen.

HEIDELBEER-MANDEL-MÜSLI

Mandelknusperle sorgen für Biss

Zubereitungszeit: 5 Minuten
Quellzeit: 30 Minuten
Garzeit: 5 Minuten

Nährwerte pro Portion
396 kcal/1.655 kJ
15 g Eiweiß, 19 g Fett, 39 g Kohlenhydrate
15 g Ballaststoffe, 348 mg Kalzium
47 mg Vitamin C, 7 mg Vitamin E
2 g Omega-3-Fettsäuren

Zutaten für 2 Portionen

Für das Müsli
250 g Naturjoghurt, 1,5 % Fett
50 ml Buttermilch
4 EL Vollkornhaferflocken
1 EL Leinsamen
1 EL Sesam

Für das Topping
4 EL Mandelblättchen
1 EL flüssiger Honig, z. B. Akazie
300 g frische Heidelbeeren

Zubereitung

1 Joghurt, Buttermilch, Haferflocken, Leinsamen und Sesam vermengen und ca. 30 Minuten quellen lassen.

2 Eine beschichtete Pfanne ohne Fettzugabe erhitzen, die Mandelblättchen hineingeben und unter Rühren 2–3 Minuten rösten, bis sie zu duften beginnen und langsam bräunen. Den Honig dazugeben und unter Rühren karamellisieren lassen. Aus der Pfanne nehmen und abkühlen lassen.

3 Beeren sorgfältig waschen und gut abtropfen lassen.

4 Den vorbereiteten Joghurt-Flocken-Mix in zwei tiefe Teller geben, die Heidelbeeren und die Mandelknusperle darauf verteilen und servieren.

HINWEIS Leinsamen sind ein hochwertiger Lieferant für wichtige Fettsäuren und helfen Knochen und Muskeln gesund zu halten. Besonders gut passen sie morgens ins Müsli.

BANANEN-BEEREN-BOWL MIT NUSSCRUNCH

Vitamin-C-reiches Powerfrühstück

Zubereitung

1 Haselnüsse grob hacken und in einer beschichteten Pfanne ohne Fettzugabe 2–3 Minuten anrösten. Den Honig dazugeben und leicht karamellisieren lassen. Aus der Pfanne nehmen und abkühlen lassen.

2 Banane schälen, in Scheiben schneiden und den Zitronensaft darüberträufeln.

3 Beeren waschen und gut abtropfen lassen. Die Hälfte der Beeren zusammen mit den Bananenscheiben, dem Kefir, dem Quark und dem Leinöl in einen hohen Mixbecher geben. Die Masse mit einem Pürierstab cremig mixen und auf zwei Schüsseln verteilen.

4 Die übrigen Beeren sowie den Nusscrunch auf dem Obst-Quark-Mix verteilen und servieren.

TIPP Haselnüsse sind der perfekte Snack für zwischendurch: Sie sind super gesund, sättigen und lassen sich problemlos in der Tasche mitnehmen.

Zubereitungszeit: 15 Minuten
Garzeit: 5 Minuten

Nährwerte pro Portion
463 kcal/1.935 kJ
25 g Eiweiß, 19 g Fett, 44 g Kohlenhydrate
13 g Ballaststoffe, 368 mg Kalzium
171 mg Vitamin C, 8 mg Vitamin E
1,6 g Omega-3-Fettsäuren

Zutaten für 2 Portionen

- 3 EL Haselnüsse
- 1 EL flüssiger Honig
- 1 große, reife Banane
- 1 EL Zitronensaft
- 150 g schwarze Johannisbeeren
- 150 g Himbeeren
- 150 g Kefir, 1,5 % Fett
- 250 g Quark, Magerstufe
- 1 TL Leinöl

MÜSLI MIT MELONE

Fruchtig-frisch mit Sommerobst

Zubereitungszeit: 5 Minuten
Quellzeit: 10 Minuten

Nährwerte pro Portion
183 kcal/765 kJ
6 g Eiweiß, 3 g Fett, 31 g Kohlenhydrate
3 g Ballaststoffe, 154 mg Kalzium
38,5 mg Vitamin C, 0,5 mg Vitamin E

Zutaten für 2 Portionen

4 EL Vollkornhaferflocken
8 EL Milch, 1,5 % Fett
1 Stück Melone (ca. 150 g)
3 EL Naturjoghurt, 1,5 % Fett
1 EL flüssiger Honig, z. B. Akazienhonig

Zubereitung

1 Die Haferflocken mit der Milch vermengen und ca. 10 Minuten quellen lassen.

2 Die Melone von Kernen und Schale befreien und das Fruchtfleisch in Würfel schneiden. Melonenstücke mit Joghurt unter die Haferflocken-Milch-Mischung rühren und mit Honig süßen.

KÜCHENTIPP Probieren Sie auch das klassische Birchermüsli mit Apfel. Hierfür waschen Sie den Apfel gründlich und raspeln ihn mit der Schale auf einer Küchenreibe (grobe Seite wählen). Geben Sie gleich nach dem Raspeln 1 bis 2 EL Zitronen- oder Limettensaft über die Apfelraspel, damit sie nicht braun werden. Verfahren Sie weiter wie im Rezept beschrieben.

OBSTSALAT MIT KOKOSQUARK

Exotischer Genuss im Glas

Zubereitung

1 Nektarinen waschen, halbieren, Steine entfernen und das Fruchtfleisch in Würfel schneiden. Kiwi und Ananas schälen und in kleine Würfel schneiden. Anschließend die Obstwürfel mit dem Vanilleextrakt sowie 1 EL Ananas- oder Orangensaft vermengen.

2 Den Quark mit dem restlichen Fruchtsaft sowie dem Leinöl und den Kokosraspeln verrühren. Obstsalat in zwei hohe Gläser füllen und den Kokosquark darauf verteilen.

HINWEIS Durch Enzyme in Ananas und Kiwi entstehen in Verbindung mit Milchprodukten Bitterstoffe. Genießen Sie daher den Obstsalat und den Kokosquark sofort nach der Zubereitung.

Zubereitungszeit: 15 Minuten

Nährwerte pro Portion
356 kcal/1.490 kJ
10 g Eiweiß, 12 g Fett, 48 g Kohlenhydrate
13 g Ballaststoffe, 204 mg Kalzium
39 mg Vitamin C, 6 mg Vitamin E
0,2 g Omega-3-Fettsäuren

Zutaten für 2 Portionen

- 2 Nektarinen
- 1 Kiwi
- 250 g Ananas
- 1 Msp. Vanilleextrakt (Rezept S. 116)
- 3 EL Ananassaft oder Orangensaft
- 300 g Quark, Magerstufe
- 1 TL Leinöl
- 1 EL Kokosraspeln

PORRIDGE MIT HIMBEEREN

Ein warmer Start in den Tag

Zubereitungszeit: 10 Minuten
Garzeit: 20 Minuten

Nährwerte pro Portion
441 kcal/1.843 kJ
12 g Eiweiß, 14 g Fett, 63 g Kohlenhydrate
11 g Ballaststoffe, 216 mg Kalzium
26 mg Vitamin C, 14 mg Vitamin E
0,8 g Omega-3-Fettsäuren

Zutaten für 2 Portionen

- 6 geh. EL Vollkornhaferflocken
- ½ TL Zimt
- 2 Gewürznelken
- 1 Msp. Piment
- 2 geh. EL Cranberries
- 2 TL Ahornsirup
- 1 EL Weizenkeimöl
- 200 ml Milch, 1,5 % Fett
- 200 g Himbeeren

Zubereitung

1 Haferflocken mit 500 ml Wasser sowie den Gewürzen in einem Topf zum Kochen bringen. Anschließend bei schwacher Hitze ca. 15 Minuten quellen lassen.

2 Die Cranberries hinzufügen und weitere 5 Minuten quellen lassen.

3 Die Nelken herausnehmen und den Ahornsirup sowie das Weizenkeimöl untermengen.

4 Die Milch separat erhitzen und anschließend unter den Getreidebrei rühren.

5 Die Himbeeren sorgfältig waschen, gut abtropfen lassen und zu dem Porridge geben. Auf zwei tiefe Teller verteilen und servieren.

HINWEIS Variieren Sie zum Frühstück doch einmal: Haferflocken gibt es als Granola, Porridge oder als gesunde, zuckerfreie Haferflockenkekse.

GEWÜRZPORRIDGE MIT ZIMTÄPFELN

Eine würzige Variation

Zubereitungszeit: 10 Minuten
Garzeit: 25 Minuten

Nährwerte pro Portion
360 kcal/1.505 kJ
12 g Eiweiß, 9 g Fett, 55 g Kohlenhydrate
4 g Ballaststoffe, 273 mg Kalzium
24 mg Vitamin C, 1 mg Vitamin E
0,4 g Omega-3-Fettsäuren

Zutaten für 2 Portionen

Für den Porridge
- 400 ml Milch, 1,5 % Fett
- 75 g Dinkelflocken
- 1 Prise Salz
- 1 Msp. gemahlener Ingwer
- 1 Msp. Kurkumapulver

Für die Zimtäpfel
- 2 große Äpfel (je ca. 200 g)
- 1 EL Zitronensaft
- 1 TL Rapsöl
- ½ TL Zimt
- 1 EL Ahornsirup

Zubereitung

1 Milch, Getreideflocken und Gewürze in einen Topf geben, aufkochen lassen und anschließend bei schwacher Hitze und unter gelegentlichem Rühren ca. 15–20 Minuten quellen lassen.

2 Äpfel waschen, schälen, halbieren und das Kerngehäuse sowie den Strunk entfernen. Die Apfelhälften in Stücke schneiden und mit dem Zitronensaft beträufeln.

3 Das Öl in einer kleinen Pfanne erhitzen und die Apfelstücke darin goldbraun anbraten. Zimt und Ahornsirup über die Äpfel geben und 2 Minuten karamellisieren lassen. Anschließend die Apfelspalten vorsichtig aus der Pfanne nehmen und beiseitestellen.

4 Den Porridge auf zwei Schalen verteilen und mit den Zimtäpfeln garniert servieren.

TIPP Sollte der Porridge zu fest geworden sein, können Sie etwas warme Milch hinzugeben, bevor Sie ihn servieren.

BANANEN-QUARK-TOAST

Süßer Start in den Tag

Zubereitungszeit: 15 Minuten

Nährwerte pro Portion
303 kcal/1.267 kJ
10 g Eiweiß, 9 g Fett, 44 g Kohlenhydrate
5 g Ballaststoffe, 71 mg Kalzium
14 mg Vitamin C, 1,7 mg Vitamin E
1,5 g Omega-3-Fettsäuren

Zutaten für 2 Portionen

- 4 Scheiben Dinkel- oder Vollkorntoast
- 2 reife Bananen
- 1 TL Zitronensaft
- 2 geh. EL Quark, Magerstufe
- ½ TL Leinöl
- ½ TL Zimt
- 1 EL Walnüsse
- 1 TL Akazienhonig

Zubereitung

1 Toastbrote toasten. Bananen in schräge Scheiben schneiden und mit dem Zitronensaft beträufeln. Den Quark mit dem Leinöl glatt rühren und anschließend auf zwei der Toastbrotscheiben streichen.

2 Bananenscheiben auf den Quarktoasts verteilen und mit Zimt bestreuen. Walnüsse grob hacken und zusammen mit dem Honig auf die Bananenscheiben geben.

3 Die übrigen Toastscheiben auflegen, schräg durchschneiden und servieren.

AVOCADO-LACHS-HAPPEN

Gesunder Genuss

Zubereitungszeit: 10 Minuten

Nährwerte pro Portion
429 kcal/1.793 kJ
15 g Eiweiß, 20 g Fett, 46 g Kohlenhydrate
13 g Ballaststoffe, 58 mg Kalzium
12 mg Vitamin C, 2,6 mg Vitamin E
0,4 g Omega-3-Fettsäuren

Zutaten für 2 Portionen

- 1 geh. EL Frischkäse, fettreduziert
- ½ TL Meerrettich (Tube/Glas)
- 4 Scheiben Dinkelvollkornbrot
- 2 Scheiben Räucherlachs (je 20 g)
- ½ reife Avocado
- 1 TL Zitronensaft
- 2 Zweige Dill

Zubereitung

1 Frischkäse mit Meerrettich vermengen und zwei Brotscheiben damit bestreichen.

2 Avocado mit einem Löffel vorsichtig aus der Schale heben, den Kern entfernen und die Avocadohälfte in schmale Spalten schneiden. Mit Zitronensaft beträufeln und auf den Broten verteilen.

3 Lachs auf die Brotscheiben legen.

4 Dill waschen, trocknen, Dillspitzen abzupfen und als Garnitur auf die Lachs-Avocado-Brote geben. Die beiden verbliebenen Brotscheiben darauflegen und servieren.

CAMEMBERT-BIRNEN-STULLE

Würziger Geschmack durch Brunnenkresse

Zubereitungszeit: 15 Minuten

Nährwerte pro Portion
367 kcal/1.534 kJ
17 g Eiweiß, 8 g Fett, 56 g Kohlenhydrate
13 g Ballaststoffe, 253 mg Kalzium
13 mg Vitamin C, 2 mg Vitamin E
0,2 g Omega-3-Fettsäuren

Zutaten für 2 Portionen

- 4 Scheiben Dinkelvollkornbrot
- 2 geh. TL Frischkäse, fettreduziert
- 2 EL Brunnenkresse
- 1 große Birne (ca. 200 g)
- 1 TL Zitronensaft
- 60 g Camembert, fettreduziert

Zubereitung

1 Zwei Scheiben Brot mit Frischkäse bestreichen. Die Kresse waschen, gut abtropfen lassen und auf den Frischkäsebroten verteilen.

2 Birne waschen, halbieren, Strunk und Kerngehäuse entfernen und die Birnenhälften in schmale Spalten schneiden. Anschließend mit dem Zitronensaft beträufeln.

3 Camembert in feine Scheiben schneiden und mit den Birnenspalten auf den Frischkäsebroten verteilen. Die übrigen Brotscheiben auflegen und servieren.

BUNTE POWERBROTE

Geraspeltes Gemüse sorgt für Frische

Zubereitungszeit: 10 Minuten

Nährwerte pro Portion
345 kcal/1.442 kJ
17 g Eiweiß, 7 g Fett, 53 g Kohlenhydrate
14 g Ballaststoffe, 149 mg Kalzium
13 mg Vitamin C, 1,8 mg Vitamin E
0,1 g Omega-3-Fettsäuren

Zutaten für 2 Portionen

- 4 Scheiben Vollkornbrot
- 4 geh. EL Quark, Magerstufe
- 1 EL kohlensäurehaltiges Mineralwasser
- 2 TL Leinöl
- 1 Prise Salz
- 1 Prise Pfeffer
- 200 g Karotten
- 1 kleine Salatgurke (ca. 100 g)
- 2 Frühlingszwiebeln

Zubereitung

1 Die Brotscheiben knusprig toasten. Quark, Mineralwasser und Leinöl mit einem Schneebesen cremig rühren. Anschließend mit Salz und Pfeffer würzen.

2 Das Gemüse säubern. Die Karotten schälen und mit der Gurke auf einer Küchenreibe grob raspeln. Frühlingszwiebeln in schmale Ringe schneiden.

3 Brotscheiben mit dem angerührten Quark bestreichen und mit den vorbereiteten Gemüseraspeln sowie den Frühlingszwiebelringen garniert servieren.

GURKEN-MAKRELEN-TOAST

Knusprige Frühstücksleckerei

Zubereitung

1 Toastscheiben toasten. Hüttenkäse mit Schnittlauchröllchen vermischen.

2 Die Gurke waschen und in schmale Scheiben schneiden. Makrele in schmale Streifen schneiden.

3 Den Hüttenkäse auf zwei Toastscheiben verstreichen und mit Gurkenscheiben und Makrelenstreifen belegen. Die übrigen Toastscheiben darauflegen und frisch genießen.

Zubereitungszeit: 10 Minuten

Nährwerte pro Portion
379 kcal/1.584 kJ
17 g Eiweiß, 9 g Fett, 57 g Kohlenhydrate
6 g Ballaststoffe, 72 mg Kalzium
5 mg Vitamin C, 2 mg Vitamin E
0,8 g Omega-3-Fettsäuren

Zutaten für 2 Portionen

4 Scheiben Vollkorntoast
1 geh. EL Hüttenkäse, Magerstufe
1 TL Schnittlauchröllchen
1 kleine Vespergurke (ca. 100 g)
1 Stück Räuchermakrele (60 g)

FRUCHTIGER KÄSESALAT

Kalziumbombe am Morgen

Zubereitung

1 Den Käse in ca. 1,5 cm große Würfel schneiden. Pfirsich und Beeren sorgfältig waschen.

2 Den Pfirsich halbieren, den Stein entfernen und die Fruchthälften ebenfalls in Würfel schneiden. Beeren gut abtropfen lassen.

3 Aus den beiden Ölen, dem Essig, den Gewürzen sowie Honig, Senf und Schnittlauchröllchen ein Dressing anrühren. Nach Bedarf noch etwas Wasser hinzufügen.

4 Die vorbereiteten Salatzutaten mit dem Dressing vermengen und vor dem Servieren ca. 15 Minuten durchziehen lassen.

TIPP Genießen Sie den Käsesalat zu einem knusprigen Vollkornbrötchen.

Zubereitungszeit: 15 Minuten
Marinierzeit: 15 Minuten

Nährwerte pro Portion
288 kcal/1.204 kJ
19 g Eiweiß, 17 g Fett, 13 g Kohlenhydrate
5 g Ballaststoffe, 640 mg Kalzium
26 mg Vitamin C, 2 mg Vitamin E
0,6 g Omega-3-Fettsäuren

Zutaten für 2 Portionen

Für den Salat
1 Stück (ca. 60 g) Emmentaler, 30 % Fett i. Tr.
1 Stück (ca. 50 g) Gouda, 40 % Fett i. Tr.
1 großer Pfirsich (ca. 130 g)
50 g rote Johannisbeeren
50 g Heidelbeeren

Für das Dressing
½ EL Walnussöl
1 TL Leinöl
1 EL Essig, z. B. weißer Balsamicoessig
1 Prise Salz, 1 Prise Pfeffer
1 TL Honig
1 TL süßer Senf
2 EL Schnittlauchröllchen

ERDBEER-ROSMARIN-MARMELADE

Marmeladenklassiker mit Pfiff

Zubereitungszeit: 15 Minuten
Garzeit: 5–10 Minuten

Nährwerte pro Portion (1 EL = 20 g)
31 kcal/130 kJ
0 g Eiweiß, 0 g Fett, 7 g Kohlenhydrate
0 g Ballaststoffe, 4 mg Kalzium
9 mg Vitamin C

Zutaten für 5 Marmeladengläser (je 300 ml)

1 kg reife Erdbeeren
1 Pck. Gelierzucker (2:1)
2 Zweige Rosmarin

Zubereitung

1 Die Marmeladengläser mit kochendem Wasser füllen und die Deckel darin einige Minuten auskochen.

2 Erdbeeren waschen, Stiele entfernen und große Erdbeeren halbieren bzw. vierteln. Die Hälfte der Erdbeeren mit dem Gelierzucker in einen großen Topf geben und mit einem Pürierstab zerkleinern.

3 Rosmarinzweige waschen, trocknen und zusammen mit den übrigen Erdbeeren unter die pürierten Früchte mischen.

4 Bei mittlerer Hitze unter Rühren zum Kochen bringen und mindestens 4 Minuten sprudelnd kochen lassen. Den aufsteigenden Schaum mit einem Schaumlöffel abschöpfen.

5 Nach Ende der Garzeit die Rosmarinzweige entfernen, das Wasser aus den Gläsern gießen und die Marmelade sofort einfüllen.

6 Die Gläser fest verschließen, umdrehen und 5 Minuten auf dem Deckel stehen lassen. Nach dem vollständigen Abkühlen kühl und trocken lagern.

VORSPEISEN UND SNACKS

OFENGEMÜSE

Aromatisch durch Kräuter

Zubereitungszeit: 15 Minuten
Garzeit: 12 Minuten

Nährwerte pro Portion
119 kcal/497 kJ
4 g Eiweiß, 9 g Fett, 6 g Kohlenhydrate
5 g Ballaststoffe, 41 mg Kalzium
127 mg Vitamin C, 3,6 mg Vitamin E
0,3 g Omega-3-Fettsäuren

Zutaten für 2 Portionen

1 Tomate
1 gelbe oder rote Paprika
1 Stück Aubergine
1 Zucchini
150 g Champignons
1 Knoblauchzehe
2 Zweige Rosmarin
2 Zweige Zitronenthymian
2 Zweige Oregano
1 EL Olivenöl
1 Prise Salz
1 Prise Pfeffer

Zubereitung

1 Den Backofen auf die höchste Temperaturstufe der Grillfunktion einstellen (ca. 250 °C). Ein Backblech mit Backpapier belegen.

2 Die Paprikaschote waschen und halbieren. Anschließend Strunk, Kerne und Samenwände entfernen. Mit der Haut nach oben auf das Backblech legen und im heißen Ofen im oberen Drittel ca. 6–8 Minuten rösten.

3 Tomate waschen und halbieren. Aubergine und Zucchini waschen, putzen und in ca. 1 cm dicke Scheiben schneiden. Champignons mit einem Küchenkrepp säubern. Knoblauch schälen und in feine Würfel schneiden. Kräuter waschen und trocknen.

4 Das Öl zusammen mit dem Knoblauch und den Kräuterzweigen in einer beschichteten Pfanne sanft erhitzen. Anschließend Zucchinischeiben und Pilze dazugeben und unter Wenden ca. 5 Minuten anbraten. Mit Salz und Pfeffer würzen.

5 Die Paprikaschoten mit in die Pfanne geben und kurz erwärmen. Ggf. nochmals abschmecken. Lauwarm oder abgekühlt servieren.

HAUSGEMACHTE FOCACCIA

Schmeckt der ganzen Familie

Zubereitungszeit: 40 Minuten
Gehzeit: 1 Stunde
Backzeit: 10 Minuten

Nährwerte pro Portion
256 kcal/1.069 kJ
8 g Eiweiß, 11 g Fett, 30 g Kohlenhydrate
3 g Ballaststoffe, 88 mg Kalzium
9 mg Vitamin C, 1,4 mg Vitamin E
0,1 g Omega-3-Fettsäuren

Zutaten für 4 Portionen

- 160 g Dinkelmehl, Typ 650
- ¼ TL Salz
- 7 g frische Hefe
- 1 Prise Zucker
- 2 EL Olivenöl
- 1 Handvoll ital. Kräuter, z. B. Basilikum, Thymian, Oregano
- 1 Knoblauchzehe
- ½ Kugel Mozzarella, fettreduziert
- 2 Tomaten

Zubereitung

1 Mehl und Salz in eine Schüssel sieben und eine kleine Mulde formen. Hefe und Zucker in die Mulde geben und mit einer Gabel verrühren, bis die Hefe flüssig ist.

2 100 ml lauwarmes Wasser hinzugeben und mit den Knethaken des Handrührgerätes unterrühren. ½ EL des Öls hinzugeben und einen geschmeidigen Teig herstellen. Diesen anschließend zugedeckt an einem warmen Ort 1 Stunde gehen lassen.

3 Den Backofen auf 250 °C (Ober-/Unterhitze) vorheizen. Ein Backblech in den Ofen schieben.

4 Die Kräuter waschen und trocknen, die Blättchen grob hacken und mit dem restlichen Öl verrühren. Knoblauch schälen, in feine Würfel schneiden und unter das Kräuteröl mengen. Mozzarella abtropfen lassen und in schmale Scheiben schneiden. Tomaten waschen, den Strunk entfernen und die Tomaten in schmale Scheiben schneiden.

5 Den Teig in vier gleich große Stücke teilen und auf einer bemehlten Arbeitsfläche zu dünnen Fladen ausrollen. Die Fladen auf Backpapier legen, das Backpapier auf das heiße Backblech ziehen und für 8–10 Minuten in den Backofen geben.

6 Die fertigen Fladen und die vorbereiteten Zutaten separat servieren und die Foccacia nach Belieben belegen bzw. mit dem Kräuteröl beträufeln.

KNOBLAUCHBROT AUS DER PFANNE

Herrlich zusammen mit leckeren Dips

Zubereitungszeit: 10 Minuten
Garzeit: 16 Minuten

Nährwerte pro Portion
297 kcal/819 kJ
5 g Eiweiß, 8 g Fett, 28 g Kohlenhydrate
2 g Ballaststoffe, 38 mg Kalzium
1,3 mg Vitamin E
0,5 g Omega-3-Fettsäuren

Zutaten für 4 Stück

1 Knoblauchzehe
150 g Dinkelmehl, Typ 630
½ TL Backpulver
½ TL Salz
100 ml Milch, 1,5 % Fett
25 ml Sojaöl
Etwas Öl zum Ausbacken in der Pfanne

Zubereitung

1 Knoblauch schälen und in feine Würfel schneiden. Mit Mehl, Backpulver und Salz in eine Schüssel geben.

2 Milch und Öl in einem kleinen Topf bei mittlerer Temperatur erhitzen. Anschließend mit in die Schüssel geben und das Ganze mit den Händen zu einem geschmeidigen Teig verkneten. Den Teig vierteln und auf einer bemehlten Arbeitsfläche zu vier Fladen ausrollen.

3 Eine beschichtete Pfanne dünn mit Öl auspinseln und jeden Fladen pro Seite ca. 2 Minuten backen. Sobald der Teig Blasen wirft, können Sie ihn wenden. Die Pfanne vor dem Hineingeben des nächsten Fladens immer dünn mit Öl auspinseln. Fertige Fladen können Sie im Ofen bei ca. 50 °C (Ober-/Unterhitze) warm halten.

TIPP Am besten schmecken die Fladen lauwarm. Probieren Sie sie als Beilage zu Salaten oder stippen Sie sie in Suppen (z. B. in die Zucchinisuppe von Seite 86) oder leckere Dips (wie die Tapenade auf Seite 112).

TUNA WRAPS WITH AVOCADO TOMATO

Pfannenbrot zum Wrap gewickelt

Zubereitungszeit: 25 Minuten
Vorbereitungszeit: 26 Minuten
Garzeit: 5 Minuten

Nährwerte pro Portion
470 kcal/1.970 kJ
31 g Eiweiß, 14 g Fett, 31 g Kohlenhydrate
3 g Ballaststoffe, 254 mg Kalzium
35 mg Vitamin C, 2,6 mg Vitamin E
0,7 g Omega-3-Fettsäuren

Zutaten für 2 Portionen

- Pfannenbrot (Rezept siehe Seite 165)
- 1 Handvoll Kopfsalat
- 2 Karotten
- 2 Scheiben Schnittkäse, 40 % Fett i. Tr.
- 1 geh. EL Frischkäse, fettreduziert
- 1 geh. EL Paprikamark
- 1 Prise Salz
- 1 Prise Pfeffer
- 1 Kästchen Kresse
- 1 Dose Thunfisch in Wasser (150 g)

Zubereitung

1 Pfannenbrote ohne Backpulver zubereiten. Nach dem Ausbacken in ein sauberes Geschirrtuch wickeln und abkühlen lassen.

2 Kopfsalat waschen und gut abtropfen lassen bzw. in einer Salatschleuder trocken schleudern. Karotten waschen, trocknen und in feine Stifte schneiden. Den Käse ebenfalls in schmale Streifen schneiden.

3 Frischkäse mit 1–2 TL Wasser, dem Paprikamark sowie Salz und Pfeffer glatt rühren. Kresse abschneiden, waschen und gut abtropfen lassen.

4 Thunfisch aus der Dose nehmen und zerkleinern.

5 Pfannenbrote zurechtlegen und mit der Frischkäsemasse bestreichen. Thunfischstücke, Salatblätter, Käse- und Karottenstreifen sowie Kresse darauf verteilen und eng zusammenrollen.

HINWEIS Natürlich lassen sich die Wraps auch mit fertigen Tortillas aus dem Supermarkt herstellen. Bei den selbst gemachten Pfannenbroten wissen Sie jedoch genau, welche Zutaten verwendet wurden.

BRUSCHETTA MIT ZUCCHINI

Mediterraner Flair für zu Hause

Zubereitungszeit: 20 Minuten
Garzeit: 10 Minuten

Nährwerte pro Portion
360 kcal/1.505 kJ
14 g Eiweiß, 16 g Fett, 40 g Kohlenhydrate
10 g Ballaststoffe, 183 mg Kalzium
17 mg Vitamin C, 2,6 mg Vitamin E
0,3 g Omega-3-Fettsäuren

Zutaten für 2 Portionen

- 1 Vollkornbaguette (ca. 150 g)
- ½ Kugel Büffelmozzarella
- 1 EL Olivenöl
- 1 Knoblauchzehe
- 1 mittelgroße Zucchini (ca. 200 g)
- 1 Zweig Rosmarin
- 1 Prise Salz
- 1 Prise Pfeffer
- 1 Spritzer Zitronensaft

Zubereitung

1 Das Baguette in 2–3 cm dünne Scheiben schneiden. Mozzarella in schmale Scheiben schneiden und das Baguette damit belegen. Mit einem Pinsel einen Teil des Öls in eine beschichtete Pfanne geben und die Baguettescheiben darin anrösten.

2 Knoblauch schälen und in feine Scheiben schneiden. Zucchini waschen und in Scheiben schneiden. Rosmarin waschen, trocknen und die Blättchen abzupfen.

3 Das übrige Öl in einer beschichteten Pfanne sanft erhitzen und die Knoblauchscheiben darin glasig andünsten. Zucchinischeiben dazugeben und einige Minuten mitbraten. Salzen, pfeffern und mit Zitronensaft und Rosmarin abschmecken.

4 Das Gemüse auf den vorbereiteten Brotscheiben verteilen.

ROTE-BETE-APFEL-CARPACCIO

Sieht toll aus und schmeckt lecker

Zubereitungszeit: 20 Minuten

Nährwerte pro Portion
139 kcal/581 kJ
1 g Eiweiß, 8 g Fett, 15 g Kohlenhydrate
3 g Ballaststoffe, 30 mg Kalzium
17 mg Vitamin C, 0,6 mg Vitamin E
0,8 g Omega-3-Fettsäuren

Zutaten für 2 Portionen

2 kleine Rote-Bete-Knollen (je ca. 75 g)
1 Apfel
1 EL Zitronensaft
Für das Dressing
2 Zweige Petersilie
1 EL Walnussöl
1 EL Zitronensaft
1 TL flüssiger Honig, z. B. Akazie
1 Prise Salz
1 Prise Pfeffer

Zubereitung

1 Rote Bete waschen und schälen. Anschließend mit einem Gemüsehobel in feine Scheiben hobeln. Apfel waschen, trocknen, halbieren, das Kerngehäuse entfernen und die Apfelhälften in schmale Scheiben schneiden. Mit etwas Zitronensaft beträufeln und zusammen mit den Rote-Bete-Scheiben auf zwei Tellern anrichten.

2 Petersilie waschen, trocknen und die Blättchen in einen Rührbecher geben. Öl, Zitronensaft, Honig und Gewürze hinzugeben und mit einem Pürierstab zu einem cremigen Dressing pürieren. Nach Bedarf noch etwas Wasser hinzufügen, bis die gewünschte Konsistenz erreicht ist. Das Dressing über das vorbereitete Rote-Bete-Apfel-Carpaccio geben und servieren.

HINWEIS Wenn Sie die Rote Bete putzen, bewahren Sie die feinen grünen Blätter auf und verwenden Sie diese nach Belieben zur Herstellung des Dressings. Ziehen Sie zur Verarbeitung der Roten Bete zudem Einmalhandschuhe an, da das Gemüse stark färbt.

CAPRESE

Erfrischend durch Zitronenschale und Chili

Zubereitung

1 Ochsenherztomaten waschen, trocknen und halbieren. Den Strunk entfernen und die Tomatenhälften in dünne Scheiben schneiden. Cocktailtomaten waschen, trocknen und halbieren. Basilikumzweige waschen, trocknen und die Blättchen grob zerkleinern. Zitronenschale fein hacken.

2 Chilischote waschen, trocknen und halbieren. Anschließend Strunk, Kerne und Samenwände entfernen und die Chilischote in schmale Ringe schneiden.

3 Mozzarella in schmale Scheiben schneiden. Tomaten- und Mozzarellascheiben auf einem Teller dachziegelartig anrichten. Die Cocktailtomaten in der Mitte des Tellers anrichten.

4 Basilikum, Zitronenschale und Chiliringe darauf verteilen und mit Öl und Essig beträufeln. Salzen, pfeffern und servieren.

TIPP Statt mit Balsamicoessig können Sie Caprese auch mit Obstessig zubereiten. Er ist milder und fruchtiger im Geschmack als Weinessig.

Zubereitungszeit: 15 Minuten

Nährwerte pro Portion
181 kcal/757 kJ
8 g Eiweiß, 15 g Fett, 4 g Kohlenhydrate
2 g Ballaststoffe, 156 mg Kalzium
41 mg Vitamin C, 2,4 mg Vitamin E
0,2 g Omega-3-Fettsäuren

Zutaten für 2 Portionen

- 2 Ochsenherztomaten
- 1 Handvoll gelbe und orange Cocktailtomaten
- 2 Zweige Basilikum
- Einige Streifen Bio-Zitronenschale
- ½ rote Chilischote
- ½ Kugel Mozzarella, fettreduziert
- 1 EL Olivenöl
- 1 EL Balsamicoessig
- 1 Prise Salz
- 1 Prise Pfeffer

AVOCADO-APFEL-BROT

Stillt vollwertig den kleinen Hunger

Zubereitungszeit: 15 Minuten

Eine Portion enthält
427 kcal/1785 kJ, 10 g Eiweiß,
29 g Fett, 31 g Kohlenhydrate,
10 g Ballaststoffe, 80 mg Harnsäure

Zutaten für 2 Portionen

- 2 große Scheiben Vollkornbrot
- 1 reife Avocado
- 1 Apfel
- 2 EL Zitronensaft
- 2 EL Frischkäse, fettreduziert
- Salz, Pfeffer
- 2 EL Kresse

Zubereitung

1 Brotscheiben knusprig toasten.

2 Die Avocado halbieren, Stein entfernen und das Fruchtfleisch mit einem Löffel aus der Schale heben. Ein Viertel des Fruchtfleischs in schmale Spalten schneiden und beiseitelegen.

3 Den Apfel waschen, halbieren, Kerngehäuse herausschneiden und die Apfelhälften in schmale Spalten schneiden. Apfel- und Avocadospalten mit der Hälfte des Zitronensaftes beträufeln.

4 Restliche Avocado mit einer Gabel grob zerdrücken. Frischkäse mit dem übrigen Zitronensaft unter das Avocadomus mengen. Mit Salz und Pfeffer kräftig würzen.

5 Die Brotscheiben mit dem Aufstrich bestreichen, Apfel- und Avocadospalten darauf verteilen und das Ganze mit Kresse bestreuen.

HINWEIS Avocadopflanzen benötigen sehr viel Wasser und kommen überwiegend aus Übersee zu uns. Achten Sie daher auf einen maßvollen Verzehr und bevorzugen Sie Avocados aus dem Mittelmeerraum.

TOAST MIT CAMEMBERT UND BIRNE

Preiselbeeren runden das Ganze ab

Zubereitungszeit: 10 Minuten
Garzeit: 5 Minuten

Nährwerte pro Portion
317 kcal/1.325 kJ
14 g Eiweiß, 15 g Fett, 32 g Kohlenhydrate
3 g Ballaststoffe, 249 mg Kalzium
9 mg Vitamin C, 1,6 mg Vitamin E
0,3 g Omega-3-Fettsäuren

Zutaten für 2 Portionen

1 TL Sojaöl
2 Scheiben Vollkorntoast
100 g Camembert, 40 % Fett i. Tr.
1 Birne, z.B. Williams Christ
1 EL Preiselbeeren

Zubereitung

1 Das Öl in einer beschichteten Pfanne bei mittlerer Hitze erwärmen, Toastscheiben dazugeben und von jeder Seite ca. 2 ½ Minuten knusprig anbraten.

2 In der Zwischenzeit den Camembert in schmale Scheiben schneiden. Die Birne waschen, trocknen, halbieren, Strunk und Kerngehäuse entfernen und die Birnenhälften in schmale Spalten fächern.

3 Toastscheiben mit Preiselbeeren bestreichen. Dann Camembert und den Birnenfächer darauf verteilen.

MATJESBRÖTCHEN

Fruchtkick durch exotisches Mangodressing

Zubereitungszeit: 15 Minuten

Nährwerte pro Portion
380 kcal/1.588 kJ
15 g Eiweiß, 21 g Fett, 33 g Kohlenhydrate
5 g Ballaststoffe, 75mg Kalzium
20 mg Vitamin C, 3,8 mg Vitamin E
2,2 g Omega-3-Fettsäuren

Zutaten für 2 Portionen

2 kleine Matjesheringsfilets (je ca. 50 g)
2 Frühlingszwiebeln
½ kleine, reife Mango
1 Vespergurke
1 EL Sojaöl
1 TL Fruchtessig, z. B. Himbeere
1 EL Buttermilch
1 Prise Salz
1 Prise Pfeffer
2 Vollkornbrötchen, z. B. Dinkel

Zubereitung

1 Matjes kurz unter fließendem, kaltem Wasser abspülen, abtrocknen und in mundgerechte Stücke schneiden. Frühlingszwiebeln waschen und in schmale Ringe schneiden.

2 Mango schälen, Fruchtfleisch vom Stein lösen und in kleine Würfel schneiden. Gurke waschen und ebenfalls fein würfeln.

3 Aus Öl, Essig, Buttermilch und Gewürzen ein Dressing herstellen. Matjesstücke, Frühlingszwiebelringe, Mango- und Gurkenwürfel mit dem Dressing vermengen und zusammen mit den Brötchen servieren.

TIPP Sie können die Brötchen nach Belieben in das Dressing dippen oder sie damit bestreichen.

BLAUSCHIMMEL-APFEL-TOAST

Knusprig im Ofen überbacken

Zubereitungszeit: 15 Minuten
Garzeit: 15 Minuten

Nährwerte pro Portion
243 kcal/1.016 kJ
10 g Eiweiß, 10 g Fett, 27 g Kohlenhydrate
5 g Ballaststoffe, 177 mg Kalzium
18 mg Vitamin C, 1,3 mg Vitamin E
1,6 g Omega-3-Fettsäuren

Zutaten für 2 Portionen

½ Kopf Radicchio (ca. 70 g)
1 TL Leinöl
1 Prise Salz
1 Prise Pfeffer
1 Apfel, z. B. Elster
1 EL Zitronensaft
½ Bund Schnittlauch
1 Stück (ca. 60 g) Blauschimmelkäse, 40 % Fett i. Tr.
2 Scheiben Vollkorntoast

Zubereitung

1 Den Backofen auf 200 °C (Ober-/Unterhitze) vorheizen. Ein Backblech mit Backpapier belegen.

2 Radicchio waschen, putzen und in mundgerechte Stücke zerteilen. Im heißen Öl ca. 5 Minuten andünsten. Salzen, pfeffern und zur Seite stellen. Apfel waschen, trocknen, halbieren, Strunk und Kerngehäuse entfernen und die Apfelhälften in schmale Spalten schneiden. Mit dem Zitronensaft beträufeln.

3 Schnittlauch waschen, trocknen und in schmale Röllchen schneiden. Käse in schmale Spalten schneiden.

4 Die beiden Toastscheiben mit den Apfelspalten sowie Radicchio und Käse belegen und im heißen Ofen ca. 5–10 Minuten überbacken. Anschließend mit den Schnittlauchröllchen bestreuen und servieren.

HINWEIS Leinöl enthält mehr Omega-3-Fettsäuren als Fisch: Während 100 g Leinöl bis zu 55 g Omega-3-Fettsäuren aufweisen kann, finden sich selbst in fetten Seefischen nicht mehr als 3 g davon.

KÄSESCHNITTCHEN MIT FEIGENCHUTNEY

Schneller, köstlicher Snack

Zubereitung

1 Zwiebel schälen und mit den Feigen zusammen in feine Würfel schneiden. Thymian waschen, trocknen und Blättchen abzupfen.

2 Das Öl in einer beschichteten Pfanne erhitzen und die Zwiebelwürfel darin glasig andünsten. Feigenwürfel und Thymianblättchen dazugeben und kurz mitdünsten.

3 Honig, Essig, Gewürze und ca. 30 ml Wasser hinzufügen, aufkochen und bei niedriger Hitze ca. 1 Minute köcheln lassen. Vom Herd nehmen und abkühlen lassen.

4 Die Brötchen auf einem Toaster mit Aufbackrost kurz toasten. Anschließend halbieren und mit Frischkäse bestreichen. Feigenchutney darauf verteilen und servieren.

Zubereitungszeit: 15 Minuten

Nährwerte pro Portion
333 kcal/1.392 kJ
11 g Eiweiß, 12 g Fett, 45 g Kohlenhydrate
7 g Ballaststoffe, 119 mg Kalzium
4 mg Vitamin C, 2 mg Vitamin E
0,3 g Omega-3-Fettsäuren

Zutaten für 2 Portionen

Für das Chutney

- ½ kleine, blaue Zwiebel
- 50 g getrocknete Feigen
- 2 Zweige Zitronenthymian
- 1 TL Sojaöl
- 1 TL Honig
- 1½ EL Apfelessig
- 1 Prise Salz
- 1 Prise Pfeffer

Für das Brot

- 2 Vollkornbrötchen, z. B. Dinkel
- 2 gehäufte EL Ziegenfrischkäse, fettreduziert

TOMATEN-SPROTTEN-BROTE

Schmeckt nach Meer

Zubereitungszeit: 20 Minuten
Garzeit: 15 Minuten

Nährwerte pro Portion
472 kcal/1.973 kJ
21 g Eiweiß, 26 g Fett, 39 g Kohlenhydrate
6 g Ballaststoffe, 114 mg Kalzium
28 mg Vitamin C, 4,6 mg Vitamin E
2,4 g Omega-3-Fettsäuren

Zutaten für 2 Portionen

- 1 Knoblauchzehe
- 2 Scheiben Grahambrot (je ca. 75 g)
- 2 Schalotten
- 200 g bunte Cocktailtomaten
- 1 Zweig Rosmarin
- 1 TL Olivenöl
- 1 Prise Salz
- 1 Prise Pfeffer

Für den Fisch

- 8 frische Sprotten (je ca. 20 g)
- 1 EL Weizenvollkornmehl
- 1 EL Sojaöl
- 1 Prise Salz
- 1 Prise Cayennepfeffer
- Zitronensaft

Zubereitung

1 Knoblauch schälen, halbieren und die Brotscheiben damit einreiben. Schalotten schälen und zusammen mit dem Knoblauch in feine Würfel schneiden.

2 Tomaten waschen und halbieren. Rosmarin waschen, trocknen und die Nadeln fein hacken.

3 Das Öl in einer beschichteten Pfanne sanft erhitzen und die Knoblauch- und Zwiebelwürfel darin glasig andünsten. Tomatenhälften und Rosmarin dazugeben und einige Minuten mitdünsten. Mit Salz und Pfeffer würzen und zur Seite stellen.

4 Sprotten waschen, leicht trocknen und in dem Mehl wenden. Das Sojaöl in einer beschichteten Pfanne erhitzen und die Sprotten darin von beiden Seiten je ca. 3–4 Minuten anbraten. Anschließend auf einem Küchenkrepp abtropfen lassen und mit Salz, Cayennepfeffer und einigen Spritzern Zitronensaft würzen.

5 Tomatenmasse auf den beiden Brotscheiben verteilen und die Sprotten darauflegen.

HINWEIS Im Sommer lassen sich die Sprotten auch hervorragend grillen. Hierzu werden sie mit aromatisiertem Öl (z. B. mit Chili, Salz, Knoblauch und Oregano) bestrichen und ca. 2 Minuten auf dem Grill gegart.

LACHSRÖLLCHEN

Vorspeise für Gäste

Zubereitung

1 Gurke waschen und in schmale Streifen schneiden. Paprikaschote waschen, halbieren, Samenwände und Kerne entfernen und die Paprikahälften in schmale Streifen schneiden.

2 Frischkäse und Meerrettich verrühren. Dill waschen, trocknen und die Dillspitzen fein hacken.

3 Zwei Scheiben Räucherlachs überlappend auf Backpapier bzw. Butterbrotpapier legen. Die Hälfte der Frischkäsemasse darauf verstreichen und mit der Hälfte der Gemüsestreifen belegen. Anschließend mithilfe des Backpapiers aufrollen. Denselben Vorgang mit den übrigen Zutaten wiederholen.

4 Die Lachsröllchen in der Mitte schräg durchschneiden und mit Dill bestreut servieren.

Zubereitungszeit: 15 Minuten

Nährwerte pro Portion
113 kcal/472 kJ
11 g Eiweiß, 6 g Fett, 3 g Kohlenhydrate
1 g Ballaststoffe, 35 mg Kalzium
34 mg Vitamin C, 1,6 mg Vitamin E
0,5 g Omega-3-Fettsäuren

Zutaten für 2 Portionen

- 1 Vespergurke
- ½ rote Paprika
- 1 geh. EL Frischkäse, fettreduziert
- ½ TL Meerrettich (Tube/Glas)
- 2 Zweige Dill
- 4 Scheiben Räucherlachs (je 20 g)

SALATE

FELDSALAT MIT BISS

Hochgenuss auf dem Salatteller

Zubereitungszeit: 13 Minuten

Nährwerte pro Portion
185 kcal/773 kJ
3 g Eiweiß, 15 g Fett, 10 g Kohlenhydrate
3 g Ballaststoffe, 34 mg Kalzium
28 mg Vitamin C, 1,5 mg Vitamin E
1,5 g Omega-3-Fettsäuren

Zutaten für 2 Portionen

- 1 EL Walnüsse
- 1 Apfel, z. B. Elstar
- 1 EL Zitronensaft
- 100 g Feldsalat
- 1 EL Apfel- oder Walnussessig
- 1 EL Walnussöl
- 1 Prise Salz
- 1 Prise Pfeffer
- 1 TL Akazienhonig
- 1 EL Schnittlauchröllchen

Zubereitung

1 Walnüsse grob hacken und in einer beschichteten Pfanne ohne Fettzugabe ca. 3 Minuten rösten. Anschließend herausnehmen und abkühlen lassen.

2 Apfel waschen, trocknen, halbieren, Strunk und Kerne entfernen und die Apfelhälften in schmale Scheiben schneiden. Mit dem Zitronensaft beträufeln. Feldsalat gründlich waschen und in einer Salatschleuder trocken schleudern.

3 Aus Essig, Öl, Gewürzen, Honig und Schnittlauch das Dressing herstellen.

4 Die Apfelscheiben auf zwei Tellern fächerartig anrichten und den Feldsalat darauf verteilen. Anschließend das Dressing darüberträufeln und mit den Walnüssen garniert servieren.

BLATTSALAT MIT FRUCHTIGEM DRESSING

Besonders lecker mit sonnengereiften Erdbeeren

Zubereitungszeit: 15 Minuten

Nährwerte pro Portion
100 kcal/418 kJ
1 g Eiweiß, 8 g Fett, 4 g Kohlenhydrate
2 g Ballaststoffe, 42 mg Kalzium
41 mg Vitamin C, 0,7 mg Vitamin E
0,8 g Omega-3-Fettsäuren

Zutaten für 2 Portionen

- 120 g gemischter Blattsalat, z. B. Kopf-, Radiccio- und Friséesalat
- 1 kleine, blaue Zwiebel
- 1 Handvoll Schnittlauch
- 100 g frische Früchte, z. B. Erdbeeren, Himbeeren oder Mango
- 1 EL Walnussöl
- 1 EL Fruchtessig, ggf. passend zur gewählten Obstsorte
- 1 Prise Salz
- 1 Prise Pfeffer

Zubereitung

1 Blattsalate in kaltem Wasser gründlich waschen (ggf. mehrmals). Anschließend gut abtropfen lassen bzw. in einer Salatschleuder trocken schleudern.

2 Zwiebel schälen und in feine Würfel schneiden. Schnittlauch waschen, trocknen und in schmale Ringe schneiden. Obst sorgfältig waschen, Beeren ggf. entkelchen, Mango schälen und in Würfel schneiden. Zusammen mit dem Öl, dem Essig sowie Salz und Pfeffer in ein hohes Gefäß geben, 1–2 EL kaltes Wasser dazugeben und mit einem Pürierstab ein cremiges Dressing herstellen. Zwiebelwürfel unter das Dressing heben.

3 Salatblätter auf zwei Tellern anrichten und mit dem Dressing servieren.

HINWEIS Sollten Sie frische Himbeeren verwenden, können Sie das fertige Dressing durch ein Sieb streichen, um die Kerne zu entfernen. In den Kernen stecken jedoch viele wertvolle Ballaststoffe.

GEBRATENER SPARGELSALAT

Spargelsalat neu interpretiert

Zubereitung

1 Spargel putzen, das untere Drittel schälen und alles in ca. 5 cm lange, schräge Stücke schneiden. Kopfsalat in kaltem Wasser waschen und in einer Salatschleuder trocken schleudern. Schale und Kerne der Melone entfernen und das Fruchtfleisch in ca. 2 cm große Würfel schneiden.

2 Das Öl in einer beschichteten Pfanne erhitzen und die Spargelstücke darin unter Wenden ca. 6 Minuten anbraten. Anschließend zur Seite stellen. Bratensatz mit Gemüsebrühe, Orangensaft und Essig ablöschen, pfeffern und vom Herd nehmen.

3 Die Frühlingszwiebeln putzen und in schmale Ringe schneiden. Schafskäse grob zerkleinern und zusammen mit den Zwiebelringen zum Dressing in die Pfanne geben. Alles gut vermengen.

4 Den Kopfsalat mit dem gebratenen Spargel und den Melonenwürfeln auf zwei Tellern verteilen und das Dressing darübergießen.

Zubereitungszeit: 20 Minuten
Garzeit: 6 Minuten

Nährwerte pro Portion
172 kcal/719 kJ
6 g Eiweiß, 11 g Fett, 11 g Kohlenhydrate
3 g Ballaststoffe, 134 mg Kalzium
42 mg Vitamin C, 3,8 mg Vitamin E
2 g Omega-3-Fettsäuren

Zutaten für 2 Portionen

- 250 g grüner Spargel
- 50 g Kopfsalat
- 1 Stück Zuckermelone (ca. 150 g)
- 1 EL Olivenöl

Für das Dressing

- 25 ml Gemüsebrühe (Rezept S. 84)
- 25 ml Orangensaft
- 1 EL weißer Balsamicoessig
- 1 Prise Pfeffer
- 4 Frühlingszwiebeln
- 1 Stück Schafskäse (ca. 30 g)

LAUCHSALAT

Simpel und extrem lecker

Zubereitungszeit: 10 Minuten
Garzeit: 8 Minuten
Marinierzeit: 30 Minuten

Nährwerte pro Portion
164 kcal/686 kJ
7 g Eiweiß, 12 g Fett, 7 g Kohlenhydrate
5 g Ballaststoffe, 240 mg Kalzium
22 mg Vitamin C, 1,8 mg Vitamin E
0,3 g Omega-3-Fettsäuren

Zutaten für 2 Portionen

- 1 Stange Lauch (ca. 300 g)
- ½ Kopfsalat
- ½ l Gemüsebrühe (Rezept S. 84)
- Einige Streifen Bio-Zitronenschale
- 2 Zweige Zitronenthymian
- 1 EL Sesam
- 1 EL Essig
- Je 1 Prise Salz, Pfeffer und Zucker
- 1 TL Sesamöl
- 1 TL Sojaöl

Zubereitung

1 Lauch der Länge nach halbieren und unter fließendem, kaltem Wasser gründlich waschen. Anschließend in Ringe schneiden und kurz in der Gemüsebrühe garen. Am Ende der Garzeit 200 ml der Brühe abschöpfen und zur Seite stellen. Lauch gut abtropfen lassen.

2 Kopfsalat waschen und in kleine Stücke zerteilen.

3 Zitronenschale klein hacken. Thymian waschen, trocknen und Blättchen abzupfen.

4 Sesam in einer beschichteten Pfanne ohne Fettzugabe anrösten. Sobald er sich leicht braun färbt, aus der Pfanne nehmen und kurz abkühlen lassen.

5 Aus Essig, Gewürzen, Zucker und Brühe ein Dressing herstellen.

6 Lauch und Salat mit Zitronenschale, Thymian und Dressing sowie den Ölen und dem Sesam vermengen und vor dem Servieren mindestens 30 Minuten ziehen lassen.

ASIATISCHER WEISSKRAUTSALAT

Ein ganz besonderes Rezept

Zubereitungszeit: 15 Minuten
Marinierzeit: 1 Stunde

Nährwerte pro Portion
147 kcal/615 kJ
3 g Eiweiß, 10 g Fett, 11 g Kohlenhydrate
3 g Ballaststoffe, 74 mg Kalzium
31 mg Vitamin C, 2,5 mg Vitamin E
0,6 g Omega-3-Fettsäuren

Zutaten für 2 Portionen

- 100 g Weißkraut
- 1 kleine Karotte (ca. 80 g)
- 2 EL Ananasstücke (Dose)
- 1 EL Nüsse

Für das Dressing

- 1 EL Sojaöl
- 1 EL Essig
- 2 EL Naturjoghurt, 1,5 % Fett
- 1 Prise Salz
- 1 Prise Pfeffer
- 1 TL Schnittlauchröllchen

Zubereitung

1 Weißkraut waschen, ggf. putzen und in schmale Streifen hobeln. Karotte waschen, schälen und ebenfalls grob raspeln. Ananasstücke in schmale Stücke schneiden. Nüsse grob hacken.

2 Aus Öl, Essig, Joghurt, Gewürzen und Schnittlauch ein Dressing herstellen. Die vorbereiteten Zutaten mit dem Dressing vermischen und vor dem Servieren ca. 1 Stunde durchziehen lassen.

HINWEIS Dieser Krautsalat schmeckt nicht nur lecker, sondern kommt auch mit wesentlich weniger Kalorien aus, als die deutsche oder griechische Variante.

ARABISCHER WEISSKRAUTSALAT

Orient trifft auf Deutschland

Zubereitung

1 Weißkraut waschen, ggf. putzen und in schmale Streifen hobeln. Knoblauch schälen und in feine Würfel schneiden.

2 Apfel waschen, trocknen, halbieren und Strunk sowie Kerne entfernen. Anschließend die Apfelhälften grob raspeln und mit Zitronensaft beträufeln.

3 Aus Sesamöl, Sesammus, Joghurt, Gewürzen, Zucker und Petersilie ein Dressing herstellen und mit den vorbereiteten Salatzutaten vermengen. Den Salat ca. 30 Minuten durchziehen lassen. Vor dem Servieren mit Schwarzkümmel bestreuen.

Zubereitungszeit: 20 Minuten
Marinierzeit: 30 Minuten

Nährwerte pro Portion
126 kcal/525 kJ
3 g Eiweiß, 6 g Fett, 13 g Kohlenhydrate
4 g Ballaststoffe, 116 mg Kalzium
59 mg Vitamin C, 2,1 mg Vitamin E

Zutaten für 2 Portionen

150 g Weißkraut
1 Knoblauchzehe
1 Apfel, z. B. Red Delicious oder Elstar
1 EL Zitronensaft

Für das Dressing

1 TL Sesamöl
1 EL Sesammus
2 EL Naturjoghurt, 1,5 % Fett
Je 1 Prise Salz, Pfeffer und brauner Zucker
1 EL gehackte Petersilie
1 TL Schwarzkümmel

BLATTSALAT MIT KARTOFFELN UND PFIFFERLINGEN

Perfektes Gericht zur Pfifferlingssaison

Zubereitungszeit: 25 Minuten
Garzeit: 20 Minuten

Nährwerte pro Portion
261 kcal/1091 kJ
6 Eiweiß, 12 g Fett, 32 g Kohlenhydrate
9 g Ballaststoffe, 66 mg Kalzium
45 mg Vitamin C, 2,2 mg Vitamin E
0,5 g Omega-3-Fettsäuren

Zutaten für 2 Portionen

- 400 g kleine, festkochende Kartoffeln
- 100 g Pfifferlinge
- 2 Schalotten
- 1 TL Sojaöl
- 100 g gemischter Blattsalat (z. B. Kopfsalat und Babyspinat)

Für das Dressing

- 1 Knoblauchzehe
- Einige Zweige Petersilie
- 1 EL Olivenöl
- 1 EL Weißweinessig
- 1 Prise Salz
- 1 Prise Pfeffer
- 1 Prise Zucker

Zubereitung

1 Kartoffeln gründlich waschen und in einem Topf mit wenig Wasser ca. 20 Minuten weichkochen. Pfifferlinge vorsichtig unter fließendem, kaltem Wasser waschen, trocknen, ggf. putzen, große Pilze halbieren.

2 Schalotten schälen und in kleine Würfel schneiden. Sojaöl in einer beschichteten Pfanne erhitzen, Schalotten und Pfifferlinge darin scharf anbraten und anschließend unter Wenden weitere 2–3 Minuten braten. Zur Seite stellen und etwas abkühlen lassen.

3 Salatblätter in mundgerechte Stücke zerpflücken, in kaltem Wasser mehrmals waschen, in einem Sieb abtropfen lassen bzw. in einer Salatschleuder trockenschleudern.

4 Knoblauchzehe schälen und in feine Würfel schneiden. Petersilie waschen, Blättchen abzupfen und fein hacken. Aus Öl, Essig, Gewürzen, Kräutern und Knoblauchwürfeln ein Dressing herstellen.

5 Vorbereitete Salatblätter sowie gut abgetropfte Kartoffeln und Pfifferlinge auf zwei Tellern verteilen. Das Dressing darüber verteilen und gleich servieren.

COUSCOUSSALAT GRIECHISCHE ART

Beliebt beim Grillfest

Zubereitungszeit: 15 Minuten
Garzeit: 10 Minuten

Nährwerte pro Portion
197 kcal/824 kJ
5 g Eiweiß, 9 g Fett, 25 g Kohlenhydrate
4 g Ballaststoffe, 40 mg Kalzium
27 mg Vitamin C, 2,1 mg Vitamin E

Zutaten für 2 Portionen

60 g Couscous
1 TL Tomatenmark
1 Knoblauchzehe
2 Frühlingszwiebeln
150 g Cocktailtomaten
1 kleine Salatgurke (ca. 100 g)

Für das Dressing

2 Zweige Basilikum
2 Zweige Zitronenthymian
1 EL Olivenöl
1 EL Balsamicoessig
1 Prise Salz
1 Prise Pfeffer

Zubereitung

1 Couscous mit 120 ml kochendem Wasser übergießen, Tomatenmark einrühren und ca. 10 Minuten quellen lassen.

2 Knoblauch schälen und in feine Würfel schneiden. Frühlingszwiebeln waschen und in schmale Ringe schneiden. Tomaten und Gurke waschen, trocknen, Tomaten halbieren und die Gurke in kleine Würfel schneiden.

3 Kräuter waschen, trocknen und die Blättchen in feine Streifen schneiden. Anschließend aus Öl, Essig, Gewürzen und Kräutern ein Dressing herstellen und mit den restlichen Salatzutaten vermischen.

GABELSPAGHETTISALAT

Mediterraner Gaumenschmaus

Zubereitungszeit: 20 Minuten
Garzeit: 8 Minuten
Marinierzeit: 1 Stunde

Nährwerte pro Portion
363 kcal/1.517 kJ
12 g Eiweiß, 16 g Fett, 41 g Kohlenhydrate
5 g Ballaststoffe, 148 mg Kalzium
38 mg Vitamin C, 2,7 mg Vitamin E
0,3 g Omega-3-Fettsäuren

Zutaten für 2 Portionen

100 g Gabelspaghetti
150 g rote und gelbe Cocktailtomaten
50 g Rucola
1 Knoblauchzehe
2 EL schwarze Oliven, entsteint
2 Zweige Basilikum

Für das Dressing

1 Stück Schafskäse (ca. 40 g)
1 EL Tomatenmark
1 EL Olivenöl
1 EL Balsamicoessig
1 Prise Pfeffer
1 Prise Zucker

Zubereitung

1 Nudeln nach Packungsanweisung in reichlich Salzwasser ca. 8 Minuten al dente kochen. Am Ende der Garzeit ca. 50 ml Kochwasser abschöpfen und zur Seite stellen. Nudeln abgießen und gut abtropfen lassen.

2 Tomaten waschen, trocknen und halbieren. Rucola waschen und in mundgerechte Stücke schneiden. Knoblauch schälen und in feine Würfel schneiden. Oliven halbieren und vierteln. Basilikum waschen, trocknen und die Blättchen in schmale Streifen schneiden.

3 Schafskäse mit einer Gabel zerdrücken und zusammen mit Tomatenmark, Nudelwasser, Öl, Essig, Pfeffer und Zucker zu einem Dressing vermengen.

4 Nudeln, Tomaten, Rucola, Oliven und Basilikumstreifen in einer großen Schüssel vermengen und mit dem Dressing vermischen. Ggf. nochmals abschmecken und vor dem Verzehr 1 Stunde im Kühlschrank ziehen lassen.

REISSALAT

Fruchtkick durch getrocknete Aprikosen

Zubereitung

1 Reis zusammen mit dem Lorbeerblatt in reichlich kochendem Salzwasser ca. 20 Minuten weich kochen. Anschließend abgießen und gut abtropfen lassen.

2 Gurke waschen und in kleine Würfel schneiden. Paprika waschen, halbieren, Kerne und Samenwände entfernen und die Paprikahälften ebenfalls in kleine Würfel schneiden. Aprikosen in schmale Streifen schneiden.

3 Knoblauch schälen und in kleine Würfel schneiden. Schnittlauch waschen, trocknen und in schmale Röllchen schneiden.

4 Aus Öl, Essig, Honig, Gewürzen, Knoblauch und Schnittlauch ein Dressing herstellen und mit den vorbereiteten Zutaten sowie den Cashewkernen vermengen. Den Salat vor dem Verzehr ca. 1 Stunde ziehen lassen.

Zubereitungszeit: 15 Minuten
Garzeit: 20 Minuten
Marinierzeit: 1 Stunde

Nährwerte pro Portion
353 kcal/1.476 kJ
7 g Eiweiß, 11 g Fett, 56 g Kohlenhydrate
5 g Ballaststoffe, 46 mg Kalzium
65 mg Vitamin C, 2,5 mg Vitamin E
0,8 g Omega-3-Fettsäuren

Zutaten für 2 Portionen

100 g Reis
1 Lorbeerblatt
1 kleine Salatgurke (ca. 100 g)
1 rote Paprika
4 getrocknete Aprikosen
1 EL Cashewkerne

Für das Dressing

1 Knoblauchzehe
½ Bund Schnittlauch
1 EL Walnussöl
1 EL Weißweinessig
1 TL flüssiger Honig, z. B. Akazie
Je 1 Prise Salz, Pfeffer, Koriander und Kreuzkümmel

TOMATENSALAT MIT WÜRZIGEM DRESSING

Rucola sorgt für Pep

Zubereitungszeit: 10 Minuten

Nährwerte pro Portion
151 kcal/631 kJ
4 g Eiweiß, 13 g Fett, 4 g Kohlenhydrate
2 g Ballaststoffe, 22 mg Kalzium
23 mg Vitamin C, 3,0 mg Vitamin E

Zutaten für 2 Portionen

- 1 Handvoll Cocktailtomaten (ca. 300 g)
- 1 kleine, blaue Zwiebel
- 1 Handvoll Rucola
- 1 EL Olivenöl
- 1 EL weißer Balsamicoessig
- Je 1 Prise Salz, Pfeffer und Zucker
- 1 EL Pinienkerne

Zubereitung

1 Tomaten waschen, trocknen und halbieren. Zwiebel schälen und in feine Würfel schneiden. Rucola waschen und trocknen.

2 Öl, Essig, Gewürze, Zucker sowie Zwiebelwürfel und Rucola zu einem Dressing verrühren. Pinienkerne in einer beschichteten Pfanne ohne Fettzugabe ca. 2 Minuten rösten. Sie sind fertig, sobald sie eine bräunliche Farbe bekommen.

3 Salat auf zwei Teller geben, Tomatenhälften darauf legen und mit dem Dressing und den Pinienkernen garniert servieren.

BROTSALAT GRIECHISCHE ART

Knusprig lecker

Zubereitungszeit: 20 Minuten
Backzeit: 10 Minuten

Nährwerte pro Portion
385 kcal/1.609 kJ
11 g Eiweiß, 19 g Fett, 42 g Kohlenhydrate
10 g Ballaststoffe, 127 mg Kalzium
23 mg Vitamin C, 4,5 mg Vitamin E
0,3 g Omega-3-Fettsäuren

Zutaten für 2 Portionen

1 Stück Körnerbaguette (ca. 200 g)
1 Knoblauchzehe
½ TL Olivenöl
1 kleine, blaue Zwiebel
1 große Ochsenherztomate (ca. 400 g)
1 kleine Salatgurke (ca. 100 g)

Für das Dressing
1 EL schwarze Oliven, entsteint
2 Zweige Basilikum
2 Zweige Oregano
1 Stück Schafskäse (ca. 30 g)
1 EL Olivenöl
1 EL Weißweinessig
1 Prise Pfeffer
1 Prise Zucker

Zubereitung

1 Den Backofen auf 200 °C (Ober-/Unterhitze) vorheizen. Das Baguette in ca. 2–3 cm schmale Scheiben schneiden.

2 Den Knoblauch schälen, halbieren und die Brotscheiben damit einreiben. Den Knoblauch anschließend in kleine Würfel schneiden.

3 Das Olivenöl mit einem Pinsel dünn auf die Brotscheiben streichen. Auf ein Backblech geben und im Ofen ca. 10 Minuten knusprig aufbacken.

4 Zwiebel schälen und in schmale Streifen schneiden. Tomate waschen, trocknen, halbieren, Strunk entfernen und die Tomatenhälften in Würfel schneiden. Gurke waschen und ebenfalls in Würfel schneiden. Oliven halbieren und ggf. vierteln. Kräuter waschen, trocknen und die Blättchen in feine Streifen schneiden. Schafskäse grob zerbröckeln.

5 Aus Öl, Essig, Pfeffer, Zucker sowie Kräutern, Oliven und Schafskäse ein Dressing herstellen. Je nach gewünschter Konsistenz ggf. noch etwas Wasser hinzugeben. Die restlichen Zutaten mit dem Dressing vermengen und gleich servieren.

HINWEIS Sollten Sie den Salat zu einer Feier o. Ä. mitbringen wollen, dann geben Sie die Brotscheiben erst kurz vor dem Verzehr hinzu. So bleiben sie schön knusprig.

RETTICHROHKOST MIT APFEL

Fruchtiger, schneller Salat

Zubereitung

1 Den Rettich waschen, schälen und mit einer Gemüsereibe grob raspeln. Apfel halbieren, Strunk und Kerne entfernen und ebenfalls grob reiben. Apfelstücke mit Zitronensaft beträufeln und mit dem Rettich in einer Schüssel vermischen.

2 Schnittlauch waschen, trocknen und in schmale Röllchen schneiden.

3 Aus saurer Sahne, Joghurt, Öl, Apfelsaft, Gewürzen und Schnittlauch ein Dressing herstellen und mit den vorbereiten Rettich-Apfel-Raspeln vermischen.

TIPP Rettich in dünne Scheiben schneiden, mit Salz würzen und einige Minuten in kaltem Wasser ziehen lassen, so verliert er an Schärfe.

Zubereitungszeit: 15 Minuten

Nährwerte pro Portion
112 kcal/468 kJ
2 g Eiweiß, 6 g Fett, 11 g Kohlenhydrate
5 g Ballaststoffe, 77 mg Kalzium
50 mg Vitamin C, 9,2 mg Vitamin E
0,5 g Omega-3-Fettsäuren

Zutaten für 2 Portionen

1 mittelgroßer Rettich (ca. 300 g)
1 Apfel, z. B. Elstar
1 EL Zitronensaft

Für das Dressing

1 Handvoll Schnittlauch
1 EL saure Sahne, 10 % Fett
1 EL Naturjoghurt, 1,5 % Fett
2 TL Weizenkeimöl
20 ml Apfelsaft
1 Prise Salz
1 Prise Pfeffer

SUPPEN UND EINTÖPFE

BÄRLAUCHSUPPE

Cremige Frühlingssuppe

Zubereitungszeit: 15 Minuten
Garzeit: 20 Minuten

Nährwerte pro Portion
158 kcal/660 kJ
7 g Eiweiß, 7 g Fett, 15 g Kohlenhydrate
5 g Ballaststoffe, 195 mg Kalzium
51 mg Vitamin C, 1,5 mg Vitamin E

Zutaten für 2 Portionen

- 1 mehligkochende Kartoffel
- 1 mittelgroße Zwiebel
- 1 Handvoll Bärlauch (ca. 100 g)
- 1 TL Leinöl
- 1 TL Olivenöl
- ½ l Gemüsebrühe (Rezept S. 84)
- 2 TL saure Sahne, 10 % Fett
- 1 Prise Salz
- 1 Prise Pfeffer
- 1 TL Zitronensaft

Zubereitung

1 Kartoffel waschen, schälen und in grobe Würfel schneiden. Zwiebel schälen und ebenfalls grob würfeln. Bärlauch waschen, trocknen und in schmale Streifen schneiden. 1 EL der Bärlauchstreifen zur Seite legen.

2 Beide Ölsorten in einem Topf erhitzen und die Zwiebelwürfel darin glasig andünsten. Kartoffelwürfel und Bärlauchstreifen dazugeben und einige Minuten mitdünsten. Mit Gemüsebrühe ablöschen, aufkochen lassen und bei mittlerer Hitze ca. 15 Minuten köcheln lassen.

3 Die übrigen Bärlauchstreifen fein hacken und mit saurer Sahne vermengen.

4 Die Suppe am Ende der Garzeit mit den Gewürzen und dem Zitronensaft abschmecken. Mit einem Pürierstab cremig mixen und in zwei Suppenteller geben. Die saure Sahne als Kleckse auf der Suppe verteilen und gleich servieren.

TIPP Sollten Sie im Frühling sehr viel Bärlauch ernten, lässt sich dieser sehr gut einfrieren. Hierzu waschen Sie die Bärlauchblätter gründlich, trocknen sie gut ab und geben sie anschließend in einer Gefrierbox in die Tiefkühltruhe. Die Blätter lassen sich bei Bedarf optimal portionsweise entnehmen.

HAUSGEMACHTE GEMÜSEBRÜHE

Da weiß man, was drin ist

Zubereitungszeit: 30 Minuten
Garzeit: 30 Minuten
Ziehzeit: 1 Stunde

Nährwerte pro Portion (ca. 250 ml)
61 kcal/255 kJ
3 g Eiweiß, 1 g Fett, 9 g Kohlenhydrate
0 g Ballaststoffe, 158 mg Kalzium
30 mg Vitamin C, 1,2 mg Vitamin E
0,3 g Omega-3-Fettsäuren

Zutaten für 1 Liter

1 Zwiebel
1 Knoblauchzehe
4 Karotten
1 Stück Knollensellerie (ca. 200 g)
1 Pastinake oder Petersilienwurzel
4 Stangen Staudensellerie
1 Bund Petersilie
1 Bund Maggikraut
1 Lorbeerblatt
1 TL Senfkörner
2 Nelken
1 Prise Salz
1 Prise Pfeffer

Zubereitung

1 Die Zwiebel und den Knoblauch schälen. Das restliche Gemüse gründlich waschen und putzen. Karotten, Knollensellerie und Pastinake bzw. Petersilienwurzel schälen. Alle Gemüsesorten in grobe Stücke schneiden.

2 Kräuter waschen, trocknen und mitsamt den Stielen grob zerkleinern.

3 Einen großen Topf mit 1,5 l Wasser füllen, alle Zutaten (bis auf Salz und Pfeffer) hineingeben und aufkochen lassen. Den entstehenden Schaum abschöpfen und ca. 30 Minuten bei mittlerer Hitze ohne Deckel kochen lassen. Danach vom Herd nehmen und 1 Stunde ziehen lassen.

4 Ein Küchensieb mit einem sauberen Küchentuch auslegen und die Brühe behutsam durch das Sieb gießen. Erst jetzt mit Salz und Pfeffer abschmecken.

TIPP Bereiten Sie die doppelte Menge Brühe zu und frieren Sie sie portionsweise ein. So haben Sie immer herrlich aromatische Gemüsebrühe zur Hand – garantiert frei von Geschmacksverstärkern, Konservierungsstoffen und Co.

ZUCCHINICREMESUPPE

Herrlich cremig dank Schafskäse

Zubereitungszeit: 15 Minuten
Garzeit: 20 Minuten

Nährwerte pro Portion
201 kcal/840 kJ
10 g Eiweiß, 12 g Fett, 13 g Kohlenhydrate
3 g Ballaststoffe, 173 mg Kalzium
32 mg Vitamin C, 1,9 mg Vitamin E
0,3 g Omega-3-Fettsäuren

Zutaten für 2 Portionen

- 2 Schalotten
- 1 Knoblauchzehe
- 1 mehligkochende Kartoffel
- 1 mittelgroße Zucchini (ca. 250 g)
- 1 EL Olivenöl
- ½ l Gemüsebrühe (Rezept S. 84)
- 1 Zweig Zitronenthymian
- 1 Stück Schafskäse (30 g)
- Je 1 Prise Pfeffer und Cayennepfeffer

Zubereitung

1 Schalotten und Knoblauch schälen und in feine Würfel schneiden. Kartoffel putzen, schälen und in grobe Würfel schneiden. Zucchini waschen und ebenfalls grob würfeln.

2 Das Öl in einem mittelgroßen Topf sanft erhitzen und die Zwiebel- und Knoblauchwürfel darin glasig andünsten. Kartoffel- und Zucchiniwürfel hinzugeben und einige Minuten mitdünsten.

3 Mit der Brühe ablöschen und die Suppe aufkochen lassen. Bei mittlerer Hitze ca. 15 Minuten köcheln lassen.

4 In der Zwischenzeit Thymian waschen, trocknen, Blättchen abzupfen und zur Seite stellen. Schafskäse in kleine Würfel schneiden.

5 Die Suppe mit den Gewürzen abschmecken. Anschließend den Schafskäse dazugeben und unter Rühren schmelzen lassen. Die Suppe mit einem Pürierstab cremig mixen, ggf. nachwürzen und mit den Thymianblättchen garniert servieren.

TIPP Durch den hohen Salzgehalt des Schafskäses müssen Sie die Suppe nicht extra salzen. Sie können sie allerdings mit herrlich knusprigen Knoblauchcroutons verfeinern. Das Rezept finden Sie auf Seite 118.

SCHARFE PAPRIKACREME-SUPPE

Chili wärmt von innen

Zubereitungszeit: 20 Minuten
Garzeit: 20 Minuten

Nährwerte pro Portion
95 kcal/397 kJ
6 g Eiweiß, 4 g Fett, 8 g Kohlenhydrate
0 g Ballaststoffe, 181 mg Kalzium
43 mg Vitamin C, 1,6 mg Vitamin E
0,3 g Omega-3-Fettsäuren

Zutaten für 2 Portionen

Für die Suppe

- ½ Zwiebel
- 1 mehligkochende Kartoffel
- 1 rote Paprika
- 1 orange Paprika
- 1 rote Chilischote
- 1 EL Olivenöl
- ½ l Gemüsebrühe (Rezept S. 84)
- Je 1 Prise Salz, Pfeffer und Paprika (rosenscharf)
- 1 EL Worcestersoße

Für die Garnitur

- 2 EL schwarze Oliven, entsteint
- ½ Bund Schnittlauch

Zubereitung

1 Das Gemüse waschen. Zwiebel und Kartoffel schälen und grob würfeln. Paprika in grobe und Chili in feine Würfel schneiden.

2 Das Öl in einem Topf sanft erhitzen und die Chiliwürfel darin kurz andünsten. Das Gemüse dazugeben und einige Minuten mitbraten. Mit Gemüsebrühe ablöschen und aufkochen lassen. Bei mittlerer Hitze ca. 15 Minuten köcheln lassen.

3 In der Zwischenzeit die Oliven vierteln und Schnittlauch waschen und fein hacken. Anschließend die Oliven mit den Kräutern vermengen.

4 Die Suppe am Ende der Garzeit mit den Gewürzen und der Worcestersoße abschmecken und mit einem Pürierstab cremig mixen. Anschließend in zwei Suppenteller geben und mit der Kräuter-Oliven-Mischung garniert servieren.

KLARE FRÜHLINGSSUPPE

Bärlauch bringt den Aromakick

Zubereitungszeit: 10 Minuten
Garzeit: 35 Minuten

Nährwerte pro Portion
95 kcal/397 kJ
6 g Eiweiß, 4 g Fett, 8 g Kohlenhydrate
0 g Ballaststoffe, 181 mg Kalzium
43 mg Vitamin C, 1,6 mg Vitamin E
0,3 g Omega-3-Fettsäuren

Zutaten für 2 Portionen

100 g Bärlauch
½ Zwiebel
1 TL Sojaöl
½ l Gemüsebrühe (Rezept S. 84)
1 Prise Salz
1 Prise Pfeffer

Zubereitung

1 Bärlauch waschen und einige Blätter zur Seite legen. Zwiebel schälen und grob würfeln. Das Öl in einem Topf erhitzen und die Zwiebelwürfel darin glasig andünsten. Bärlauchblätter dazugeben und zusammenfallen lassen. Mit der Brühe ablöschen und bei niedriger Hitze ca. 30 Minuten ziehen lassen.

2 Die übrigen Bärlauchblätter in schmale Streifen schneiden.

3 Am Ende der Ziehzeit die Brühe durch ein feines Sieb gießen. Anschließend erneut erhitzen und mit Salz und Pfeffer abschmecken.

4 Die beiseitegestellten Bärlauchblätter in zwei Suppentassen geben und die Brühe darübergießen.

HINWEIS Der frische Bärlauch verstärkt den Geschmack der Brühe. Die Qualität der Suppe ist hierbei von der Gemüsebrühe abhängig, daher bereiten Sie die Brühe am besten selbst zu. Hierfür finden Sie ein Rezept auf Seite 84.

ASIATISCHE CREMESUPPE

Ingwer und Gewürze sorgen für Pfiff

Zubereitung

1 Mais antauen lassen. Frühlingszwiebeln säubern und in schmale Ringe schneiden. Ingwer und Knoblauch schälen und in kleine Würfel schneiden.

2 Die beiden Öle in einem Topf sanft erhitzen und die Ingwer- und Knoblauchwürfel sowie die Zwiebelringe darin andünsten. Den Mais hinzugeben und einige Minuten mit anbraten. Anschließend mit den Gewürzen abschmecken und 2 EL der Maismischung beiseitestellen.

3 Gemüsebrühe und Kokosmilch in den Topf geben und die Suppe aufkochen lassen. Anschließend ca. 10 Minuten bei mittlerer Hitze köcheln lassen.

4 Die Suppe am Ende der Garzeit mit Sojasoße und Limettensaft abschmecken und ggf. nachwürzen. Mit einem Pürierstab cremig mixen, auf zwei Suppentassen verteilen und mit dem übrigen Mais garniert servieren.

Zubereitungszeit: 10 Minuten
Garzeit: 15 Minuten

Nährwerte pro Portion
288 kcal/1.204 kJ
11 g Eiweiß, 9 g Fett, 39 g Kohlenhydrate
7 g Ballaststoffe, 89 mg Kalzium
24 mg Vitamin C, 1,0 mg Vitamin E

Zutaten für 2 Portionen

- 400 g Zuckermais, TK
- ½ Bund Frühlingszwiebeln
- 1 Stück Ingwer (ca. 40 g)
- 2 Knoblauchzehen
- 1 TL Sesamöl
- 1 TL Sojaöl
- 1 Prise Salz
- Je 1 Prise gemahlenes Zitronengras, Curry, Kurkumapulver und Cayennepfeffer
- 400 ml Gemüsebrühe (Rezept S. 84)
- 100 ml Kokosmilch, fettreduziert
- 1 TL Sojasoße
- 1 TL Limettensaft

PASTINAKENSUPPE MIT LACHSSTREIFEN

Schnelles Suppenglück

Zubereitungszeit: 15 Minuten
Garzeit: 25 Minuten

Nährwerte pro Portion
213 kcal/890 kJ
12 g Eiweiß, 11 g Fett, 16 g Kohlenhydrate
8 g Ballaststoffe, 198 mg Kalzium
46 mg Vitamin C, 1,9 mg Vitamin E
0,3 g Omega-3-Fettsäuren

Zutaten für 2 Portionen

1 mittelgroße Kartoffel (ca. 120 g)
1 große Pastinake (ca. 250 g)
1 kleine Zwiebel
1 EL Leinöl
½ l Gemüsebrühe (Rezept S. 84)
1 Prise Salz
1 Prise Pfeffer
1 TL Zitronensaft
50 ml Milch, 1,5 % Fett
2 EL Kresse
2 Scheiben Räucherlachs (je 20 g)

Zubereitung

1 Kartoffel und Pastinake waschen, schälen und in grobe Würfel schneiden. Zwiebel schälen und ebenfalls grob würfeln. Das Öl in einem mittelgroßen Topf erhitzen und die Gemüsewürfel darin glasig andünsten. Mit der Gemüsebrühe ablöschen, Gewürze und Zitronensaft hinzugeben und aufkochen lassen.

2 Die Suppe ca. 15–20 Minuten köcheln lassen. Am Ende der Garzeit die Milch dazugeben und die Suppe mit einem Pürierstab cremig mixen.

3 Kresse waschen und abtropfen lassen. Den Lachs in schmale Streifen schneiden. Suppe in zwei Suppenteller geben und mit der Kresse und den Lachsstreifen garniert servieren.

ROTES LINSENCURRY

Ratzfatz zubereitet

Zubereitungszeit: 15 Minuten
Garzeit: 15 Minuten

Nährwerte pro Portion
195 kcal/815 kJ
11 g Eiweiß, 8 g Fett, 19 g Kohlenhydrate
8 g Ballaststoffe, 269 mg Kalzium
116 mg Vitamin C, 2,3 mg Vitamin E
0,3 g Omega-3-Fettsäuren

Zutaten für 2 Portionen

- 1 Stück Ingwer (ca. 10 g)
- 1 rote Chilischote
- 1 mittelgroße blaue Zwiebel (ca. 60 g)
- 300 g Brokkoli
- 1 Fleischtomate
- 1 TL Sesamöl
- 1 TL Sojaöl
- ¼ TL gemahlenes Zitronengras
- ¼ TL Cayennepfeffer
- ½ TL Curry
- 1 TL rote Currypaste
- 100 g rote Linsen
- 200 ml Kokosmilch, fettreduziert
- 300 ml Gemüsebrühe (Rezept S. 84)
- 2 Zweige Koriander
- 1 Prise Salz

Zubereitung

1 Ingwer schälen und fein würfeln. Chilischote waschen, trocknen, Kerne und Samenwände entfernen und die Schote in kleine Ringe schneiden. Zwiebel schälen und in kleine Würfel schneiden. Brokkoli waschen und große Röschen halbieren. Tomate waschen, halbieren, den Strunk entfernen und die Tomatenhälften in Würfel schneiden.

2 Beide Ölsorten in einem mittelgroßen Topf sanft erhitzen und die Gewürze sowie die Currypaste darin einige Minuten anbraten. Chili-, Ingwer- und Zwiebelstückchen dazugeben und mitbraten.

3 Anschließend das übrige Gemüse sowie die Linsen hinzugeben und mit der Kokosmilch und der Gemüsebrühe ablöschen. Den Eintopf aufkochen lassen und bei mittlerer Hitze ca. 10 Minuten köcheln lassen.

4 Koriander waschen, trocknen und die Blättchen fein hacken. Den Eintopf am Ende der Garzeit salzen und mit Korianderblättchen garniert servieren.

ORIENTALISCHER GEMÜSEEINTOPF

Ali Baba lässt grüßen

Zubereitungszeit: 20 Minuten
Einweichzeit: 10 Stunden
Garzeit: 50 Minuten

Nährwerte pro Portion
493 kcal/2.061 kJ
22 g Eiweiß, 19 g Fett, 56 g Kohlenhydrate
22 g Ballaststoffe, 394 mg Kalzium
52 mg Vitamin C, 7,2 mg Vitamin E
0,9 g Omega-3-Fettsäuren

Zutaten für 2 Portionen

100 g Kichererbsen
100 g Gemüsemais, TK
½ Zwiebel
2 Knoblauchzehen
1 mittelgroße Karotte (ca. 150 g)
1 Stück Knollensellerie (ca. 250 g)
1 rote Chilischote
1 EL Olivenöl
1 kleine Zimtstange
1 Sternanis
½ TL Curry
¼ TL Kreuzkümmel
¼ TL Kurkumapulver
300 ml Tomaten (Dose)
350 ml Gemüsebrühe (Rezept S. 84)
1 EL Zitronensaft
1 Prise Salz
1 Prise Pfeffer
Für die Garnitur
2 getrocknete Aprikosen
1 EL Sesam
2 Zweige Petersilie
2 EL Naturjoghurt, 1,5 % Fett

Zubereitung

1 Kichererbsen über Nacht einweichen lassen. Am nächsten Tag das Einweichwasser der Kichererbsen abgießen und den Mais auftauen lassen.

2 Zwiebel und Knoblauch schälen und in feine Würfel schneiden. Karotte, Sellerie und Chilischote waschen. Anschließend Karotte und Sellerie schälen, die Chilischote halbieren und von Kernen und Samenwänden befreien. Alles in kleine Würfel schneiden.

3 Das Öl in einem Topf sanft erhitzen, die Gewürze (außer Salz und Pfeffer) dazugeben und einige Minuten anbraten. Die vorbereiteten Gemüsewürfel sowie die Kichererbsen und den Mais dazugeben und mitbraten.

4 Die Tomaten aus der Dose grob zerkleinern, unterrühren und mit der Gemüsebrühe aufgießen. Eintopf ca. 45 Minuten bei niedriger Hitze köcheln lassen.

5 In der Zwischenzeit die Aprikosen fein hacken und den Sesam in einer beschichteten Pfanne ohne Fettzugabe anrösten. Petersilie waschen, trocknen und die Blättchen fein hacken.

6 Die Suppe am Ende der Garzeit mit Zitronensaft, Salz und Pfeffer abschmecken. Auf zwei Suppentassen verteilen und mit den vorbereiteten Aprikosen, dem Sesam, der Petersilie sowie dem Joghurt garniert servieren.

ROTER BOHNENEINTOPF

Essen wie bei Mama

Zubereitung

1 Sellerie waschen und in schmale Scheiben schneiden. Kartoffel putzen, schälen und in ca. 1–2 cm große Würfel schneiden. Zwiebel und Knoblauch schälen und in feine Würfel schneiden. Kräuter waschen, trocknen und die Nadeln bzw. Blättchen fein hacken. Bohnen abtropfen lassen.

2 Das Öl in einem mittelgroßen Topf erhitzen und die Zwiebel- und Knoblauchwürfel darin glasig andünsten. Sellerie und Kartoffelwürfel dazugeben und einige Minuten mitdünsten.

3 Mit den Tomaten ablöschen. Zucker, Lorbeerblatt und ggf. etwas Wasser hinzugeben. Aufkochen lassen und anschließend ca. 10 Minuten bei mittlerer Hitze köcheln lassen. Bohnen und Kräuter untermengen und unter Rühren ca. 5 Minuten mitköcheln lassen.

4 In der Zwischenzeit den Schafskäse grob zerbröckeln, zusammen mit dem Pfeffer zum Eintopf geben und schmelzen lassen. Vor dem Servieren das Lorbeerblatt entfernen und den Eintopf ggf. nachwürzen.

HINWEIS Durch den hohen Salzgehalt des Schafskäses müssen Sie den Eintopf nicht extra salzen.

Zubereitungszeit: 25 Minuten
Garzeit: 20 Minuten

Nährwerte pro Portion
270 kcal/1.129 kJ
13 g Eiweiß, 12 g Fett, 27 g Kohlenhydrate
10 g Ballaststoffe, 206 mg Kalzium
25 mg Vitamin C, 3,0 mg Vitamin E
0,4 g Omega-3-Fettsäuren

Zutaten für 2 Portionen

- 2 Stangen Staudensellerie
- 1 festkochende Kartoffel
- 1 mittelgroße Zwiebel (ca. 60 g)
- 1 Knoblauchzehe
- Je 2 Zweige Rosmarin, Oregano und Thymian
- 1 Dose weiße Bohnen (Abtropfgewicht 250 ml)
- 1 EL Olivenöl
- 1 Dose gewürfelte Tomaten (400 ml)
- ½ TL brauner Zucker
- 1 Lorbeerblatt
- 1 Stück Schafskäse (30 g)
- 1 Prise Pfeffer

EINTOPF „TOSKANA"

Würzige Aromen verbreiten Urlaubsstimmung

Zubereitungszeit: 20 Minuten
Garzeit: 55 Minuten

Nährwerte pro Portion
397 kcal/1.660 kJ
23 g Eiweiß, 14 g Fett, 42 g Kohlenhydrate
15 g Ballaststoffe, 383 mg Kalzium
47 mg Vitamin C, 6,2 mg Vitamin E
1,1 g Omega-3-Fettsäuren

Zutaten für 2 Portionen

- 2 getrocknete Tomaten
- 2 Stangen Staudensellerie
- 1 mittelgroße Karotte (ca. 150 g)
- 1 Stück Knollensellerie (ca. 250 g)
- 1 Knoblauchzehe
- 1 blaue Zwiebel
- 1 EL Olivenöl
- 1 EL Tomatenmark
- 100 g grüne, getrocknete Erbsen
- 1 ¼ l Gemüsebrühe (Rezept S. 84)
- Je 2 Zweige Basilikum, Zitronenthymian und Oregano
- 1 Prise Salz
- 1 Prise Pfeffer
- ½ TL Abrieb einer Bio-Zitrone
- 1 EL Balsamicoessig

Zubereitung

1 Getrocknete Tomaten gut abtropfen lassen und in schmale Streifen schneiden. Staudensellerie, Karotte und Knollensellerie waschen und in ca. 1 cm große Würfel schneiden.

2 Knoblauch und Zwiebel schälen und fein würfeln. Das Öl in einem mittelgroßen Topf sanft erhitzen und die Knoblauch- und Zwiebelwürfel sowie die Tomatenstreifen darin glasig andünsten. Die Gemüsewürfel und das Tomatenmark dazugeben und einige Minuten mitbraten. Erbsen untermengen und mit 750 ml Gemüsebrühe ablöschen.

3 Den Eintopf aufkochen lassen und zugedeckt bei niedriger Hitze ca. 45 Minuten köcheln lassen, bis die Erbsen weich sind. Die restliche Brühe zugießen und erneut aufkochen lassen.

4 Die Kräuter waschen, trocknen und die Blättchen fein hacken. Am Ende der Garzeit zum Eintopf geben und mit Salz, Pfeffer, Zitronenschale und Essig abschmecken.

HERBSTLICHER EINTOPF

Im Ofen gegart

Zubereitungszeit: 15 Minuten
Garzeit: 50 Minuten

Nährwerte pro Portion
291 kcal/1.216 kJ
11 g Eiweiß, 12 g Fett, 31 g Kohlenhydrate
12 g Ballaststoffe, 192 mg Kalzium
41 mg Vitamin C, 4,0 mg Vitamin E
0,3 g Omega-3-Fettsäuren

Zutaten für 2 Portionen

- ½ kg Hokkaidokürbis
- ½ Zwiebel
- 1 Knoblauchzehe
- ½ kleine Dose Cannelinibohnen (200 g)
- 1 EL Olivenöl
- 1 EL Balsamicoessig
- 400 ml stückige Tomaten (Dose)
- 1 Prise Salz
- 1 Prise Pfeffer
- 1 TL Ahornsirup
- 1 Stück Schafskäse (30 g)

Zubereitung

1 Den Backofen auf 180 °C (Ober-/Unterhitze) vorheizen.

2 Kürbis waschen, Kerne entfernen und Kürbisfleisch in ca. 2 cm große Würfel schneiden.

3 Zwiebel und Knoblauch schälen und in feine Würfel schneiden. Bohnen abtropfen lassen.

4 Das Öl in einem feuerfesten Bräter erhitzen und die Zwiebel- und Knoblauchwürfel darin glasig andünsten. Kürbiswürfel und Bohnen dazugeben und einige Minuten mitgaren. Mit Essig ablöschen. Die Tomaten sowie 150 ml Wasser hinzugeben und aufkochen lassen.

5 Salz, Pfeffer und Ahornsirup zu dem Eintopf geben und ohne Deckel im heißen Ofen ca. 45 Minuten köcheln lassen.

6 Den Schafskäse grob zerkleinern und ca. 15 Minuten vor Ende der Garzeit über den Eintopf streuen. Vor dem Servieren ggf. noch einmal nachwürzen.

HINWEIS Durch den hohen Salzgehalt des Schafskäses müssen Sie den Eintopf nicht extra salzen.

KARTOFFELEINTOPF

Einfach und lecker

Zubereitungszeit: 15 Minuten
Garzeit: 20 Minuten

Nährwerte pro Portion
288 kcal/1.204 kJ
15 g Eiweiß, 7 g Fett, 39 g Kohlenhydrate
12 g Ballaststoffe, 187 mg Kalzium
48 mg Vitamin C, 2,2 mg Vitamin E
1,8 g Omega-3-Fettsäuren

Zutaten für 2 Portionen

- 1 mittelgroße Zwiebel (ca. 60 g)
- 300 g mehligkochende Kartoffeln
- 1 mittelgroße Karotte (ca. 150 g)
- 1 kleine Stange Lauch (ca. 150 g)
- 1 TL Leinöl
- 1 TL Rapsöl
- 150 g TK-Erbsen, aufgetaut
- 1 EL Tomatenmark
- ½ l Gemüsebrühe (Rezept S. 84)
- 1 Lorbeerblatt
- Je 1 Prise Salz, Pfeffer und Muskatnuss
- 2 EL Schnittlauchröllchen

Zubereitung

1 Zwiebel schälen und in ca. 2 cm große Würfel schneiden. Kartoffeln und Karotte waschen, trocknen, schälen und ebenfalls in 2 cm große Würfel schneiden.

2 Lauch putzen, der Länge nach halbieren und unter fließendem Wasser gründlich waschen. Anschließend in schmale Ringe schneiden und ggf. erneut waschen, um Schmutzreste zu entfernen. In einem Sieb gut abtropfen lassen.

3 Beide Ölsorten in einem mittelgroßen Topf erhitzen und die Zwiebelwürfel darin glasig andünsten. Vorbereitete Gemüsestücke sowie Erbsen und Tomatenmark hinzugeben und einige Minuten mitdünsten.

4 Mit der Gemüsebrühe ablöschen und das Lorbeerblatt hinzugeben. Aufkochen lassen und mit Salz, Pfeffer und Muskatnuss abschmecken. Den Eintopf ca. 10–15 Minuten köcheln lassen. Anschließend das Lorbeerblatt entfernen und den Eintopf mit Schnittlauchröllchen bestreut servieren.

GEMÜSETOPF ASIA-STYLE

Wie vom Thailänder

Zubereitung

1 Blumenkohl waschen, putzen und in mundgerechte Röschen zerteilen. Karotte, Zucchini und Pak Choi waschen. Die Karotte schälen und in schmale Scheiben schneiden. Die Zucchini halbieren und in etwas dickere Scheiben schneiden. Pak-Choi-Blätter in schmale Streifen schneiden und die Stiele in schmale Stücke schneiden. Zwiebel schälen, halbieren und in schmale Streifen schneiden.

2 Beide Öle in einer großen Pfanne oder einem Wok erhitzen und die Currypaste zusammen mit den Gewürzen einige Minuten anbraten. Die Erdnussbutter dazugeben und unter Rühren schmelzen lassen.

3 Zwiebel-, Karotten- und Blumenkohlstücke hinzugeben und einige Minuten mitbraten. Mit der Kokosmilch sowie 100 ml Wasser ablöschen und ca. 5 Minuten köcheln lassen. Das restliche Gemüse untermengen und für 2 Minuten mitköcheln lassen.

4 Cashewkerne dazugeben und den Gemüsetopf vor dem Servieren ggf. nochmals abschmecken.

Zubereitungszeit: 20 Minuten
Garzeit: 15 Minuten

Nährwerte pro Portion
244 kcal/1.020 kJ
11 g Eiweiß, 13 g Fett, 21 g Kohlenhydrate
12 g Ballaststoffe, 187 mg Kalzium
156 mg Vitamin C, 2,1 mg Vitamin E
0,4 g Omega-3-Fettsäuren

Zutaten für 2 Portionen

- 300 g Blumenkohl
- 1 mittelgroße Karotte (ca. 150 g)
- 1 gelbe Zucchini
- ½ kleiner Kopf Pak Choi (ca. 250 g)
- 1 blaue Zwiebel
- 1 TL Sesamöl
- 1 TL Leinöl
- 1 EL rote Currypaste
- ¼ TL gemahlenes Zitronengras
- ¼ TL gemahlener Koriander
- 1 Prise Salz
- 1 Prise Pfeffer
- 1 EL Erdnussbutter
- 200 ml Kokosmilch, fettreduziert
- 1 geh. EL Cashewkerne

TOMATEN-MAKRELEN-EINTOPF

Reichlich gesunde Omega-3-Fettsäuren

Zubereitungszeit: 20 Minuten
Garzeit: 30 Minuten

Nährwerte pro Portion
425 kcal/1.777 kJ
24 g Eiweiß, 19 g Fett, 37 g Kohlenhydrate
9 g Ballaststoffe, 145mg Kalzium
62 mg Vitamin C, 8,4 mg Vitamin E
2 g Omega-3-Fettsäuren

Zutaten für 2 Portionen

½ kg Tomaten
1 blaue Zwiebel
1 Knoblauchzehe
1 Zweig Rosmarin
1 Zweig Thymian
1 EL Olivenöl
300 ml Tomatensaft
100 g Kichererbsen (Dose/Glas)
1 kleines Makrelenfilet (ca. 100 g)
1 EL Zitronensaft
3 g Salz
1 Prise Pfeffer
20 ml Balsamicoessig
½ TL Zucker

Zubereitung

1 Tomaten waschen, halbieren, den Strunk entfernen und die Tomatenhälften in grobe Würfel schneiden. Zwiebel und Knoblauch schälen und fein würfeln.

2 Kräuter waschen, trocknen und die Nadeln bzw. Blättchen fein hacken. Rosmarin von Thymian getrennt zur Seite stellen.

3 Das Öl in einem mittelgroßen Topf erhitzen und die Zwiebel- und Knoblauchwürfel darin glasig andünsten. Rosmarin und Tomatenwürfel dazugeben und einige Minuten mitdünsten. Mit Tomatensaft ablöschen und ca. 20 Minuten bei niedriger Hitze köcheln lassen.

4 In der Zwischenzeit die Kichererbsen abtropfen lassen. Das Fischfilet waschen, trocknen, in ca. 2 cm große Würfel schneiden und mit Zitronensaft und etwas Salz vermengen.

5 Am Ende der Garzeit den Eintopf mit dem restlichen Salz sowie Pfeffer, Thymian, Essig und Zucker abschmecken. Kichererbsen in den Eintopf geben. Makrelenstücke vorsichtig unterheben und ca. 5 Minuten ziehen lassen.

SOSSEN, DIPS UND KÜCHENTRICKS

APFELVINAIGRETTE

Passt perfekt zu Ofenkürbis (siehe Seite 162)

Zubereitungszeit: 10 Minuten

Nährwerte pro Portion
106 kcal/443 kJ
0 g Eiweiß, 8 g Fett, 7 g Kohlenhydrate
1 g Ballaststoffe, 9 mg Kalzium
11 mg Vitamin C, 0,6 mg Vitamin E
4 g Omega-3-Fettsäuren

Zutaten für 2 Portionen

- 2 Frühlingszwiebeln
- 1 kleiner Apfel (ca. 100 g)
- 1 EL Zitronensaft
- 1 EL Kürbiskernöl
- 1 TL Honig
- 1 Prise Salz
- 1 Prise Pfeffer

Zubereitung

1 Frühlingszwiebeln waschen und in schmale Ringe schneiden. Apfel waschen, halbieren, Stiel und Kerngehäuse entfernen und Apfelhälften in kleine Würfel schneiden. Anschließend mit etwas Zitronensaft beträufeln.

2 Aus dem übrigen Zitronensaft sowie Öl, Honig, Salz und Pfeffer ein Dressing herstellen. Ggf. etwas Wasser hinzufügen. Frühlingszwiebelringe und Apfelwürfel mit dem Dressing vermengen und servieren.

BÄRLAUCHPESTO

Perfekt zu frischer Pasta

Zubereitungszeit: 10 Minuten

Nährwerte pro Portion
248 kcal/1.037 kJ
7 g Eiweiß, 25 g Fett, 1 g Kohlenhydrate
2 g Ballaststoffe, 219 mg Kalzium
11 mg Vitamin C, 4,3 mg Vitamin E
2 g Omega-3-Fettsäuren

Zutaten für 2 Portionen

- 50 g Bärlauch
- 2 Stiele Petersilie
- 1 Stück Parmesan (ca. 30 g)
- 1 Prise Salz
- 1 Prise Pfeffer
- 2 EL gemahlene Nüsse, z. B. Mandeln
- 2 EL Olivenöl

Zubereitung

1 Kräuter waschen, trocknen, Stiele entfernen und Blätter grob hacken. Parmesan mit einer Küchenreibe fein reiben.

2 Die vorbereiteten Kräuter zusammen mit Salz und Pfeffer in ein hohes Gefäß geben und mit einem Pürierstab zerkleinern. Die gemahlenen Nüsse, den geriebenen Parmesan und das Öl dazugeben und zu einem cremigen Pesto verrühren.

GEMÜSESOSSE

Schnell gezaubert

Zubereitungszeit: 15 Minuten
Garzeit: 15 Minuten

Nährwerte pro Portion
136 kcal/569 kJ
5 g Eiweiß, 9 g Fett, 8 g Kohlenhydrate
5 g Ballaststoffe, 135 mg Kalzium
23 mg Vitamin C, 2,1 mg Vitamin E
0,7 g Omega-3-Fettsäuren

Zutaten für 2 Portionen

- 1 Karotte
- 1 kleine Zwiebel (ca. 40 g)
- 2 Stangen Staudensellerie
- ½ Zucchini
- 1 EL Sojaöl
- 300 ml Gemüsebrühe (Rezept S. 84)
- ½ Bund Schnittlauch
- 1 Prise Salz
- 1 Prise Pfeffer
- 20 ml Milch, 1,5 % Fett

Zubereitung

1 Das Gemüse waschen. Karotte und Zwiebel schälen und anschließend alle Gemüsesorten grob würfeln. Das Öl in einem kleinen Topf erhitzen und die Gemüsewürfel darin andünsten. Mit der Brühe ablöschen und aufkochen lassen. Die Soße ca. 10 Minuten köcheln lassen, bis das Gemüse weich gegart ist.

2 In der Zwischenzeit den Schnittlauch waschen und in schmale Röllchen schneiden.

3 Soße mit Salz und Pfeffer abschmecken, Milch zugießen und alles mit einem Pürierstab cremig mixen. Mit Schnittlauchröllchen bestreut servieren.

TIPP Die Soße schmeckt am besten zu frisch gekochter Pasta.

MINZSOSSE

Perfekt zu gegrilltem Fisch

Zubereitungszeit: 5 Minuten

Nährwerte pro Portion
49 kcal/203 kJ
8 g Eiweiß, 0 g Fett, 3 g Kohlenhydrate
0 g Ballaststoffe, 84 mg Kalzium
5 mg Vitamin C

Zutaten für 2 Portionen

- 2 Zweige Minze
- 4 geh. EL Quark, Magerstufe
- 20 ml kohlensäurehaltiges Mineralwasser
- ½ Teebeutel Pfefferminztee
- 20 ml Zitronensaft
- 1 Prise Salz
- 1 Prise Pfeffer

Zubereitung

1 Minze waschen, trocknen und die Blättchen in sehr feine Streifen schneiden. Quark mit Wasser glatt rühren.

2 Teeblätter aus dem Beutel entnehmen und zusammen mit Minze, Zitronensaft und Gewürzen unter den Quark mengen. Bis zum Verzehr kalt stellen.

TOMATEN-SALSA

Lecker zu gegrilltem Gemüse oder Pilzen

Zubereitung

1 Knoblauch und Zwiebel schälen und in sehr feine Würfel schneiden. Tomate waschen, trocknen, halbieren, den Strunk entfernen und die Tomatenhälften in kleine Würfel schneiden. Staudensellerie säubern und in feine Scheiben schneiden.

2 Die Öle mit dem Essig, dem Saft und den Gewürzen verrühren. Die vorbereiteten Zutaten untermengen und ggf. nochmals abschmecken.

Zubereitungszeit: 10 Minuten

Nährwerte pro Portion
76 kcal/316 kJ
1 g Eiweiß, 6 g Fett, 4 g Kohlenhydrate
2 g Ballaststoffe, 46 mg Kalzium
17 mg Vitamin C, 0,9 mg Vitamin E
1,5 g Omega-3-Fettsäuren

Zutaten für 2 Portionen

1 Knoblauchzehe
1 kleine, blaue Zwiebel (ca. 40 g)
1 Fleischtomate
1 Stange Staudensellerie
1 TL Leinöl
1 TL Olivenöl
1 TL Balsamicoessig
20 ml Traubensaft
1 Prise Salz
1 Prise Pfeffer

ERDBEERDRESSING

Herrlich frisch im Blattsalat

Zubereitung

1 Erdbeeren waschen und vierteln. Frühlingszwiebeln säubern und in schmale Ringe schneiden.

2 Essig, Öl, Honig, Gewürze und Erdbeeren in ein hohes Gefäß geben und mit einem Pürierstab cremig mixen. Ggf. noch etwas kaltes Wasser hinzufügen. Das Dressing mit den Frühlingszwiebelringen vermengen und über zwei Portionen knackigen Blattsalat verteilen.

Zubereitungszeit: 5 Minuten

Nährwerte pro Portion
98 kcal/411 kJ
1 g Eiweiß, 8 g Fett, 5 g Kohlenhydrate
1 g Ballaststoffe, 18 mg Kalzium
31 mg Vitamin C, 0,4 mg Vitamin E
0,9 g Omega-3-Fettsäuren

Zutaten für 2 Portionen

100 g Erdbeeren
2 Frühlingszwiebeln
1 EL Weißweinessig
1 EL Walnussöl
1 TL Honig
1 Prise Salz
1 Prise Pfeffer

FRÜHLINGSDIP

Herrlich zu frischen Kartoffeln

Zubereitungszeit: 10 Minuten

Nährwerte pro Portion
74 kcal/311 kJ
9 g Eiweiß, 3 g Fett, 3 g Kohlenhydrate
1 g Ballaststoffe, 91 mg Kalzium
10 mg Vitamin C, 0,1 mg Vitamin E
1,5 g Omega-3-Fettsäuren

Zutaten für 2 Portionen

- 5 Radieschen
- ½ Bund Schnittlauch
- 125 g Quark, Magerstufe
- 20 ml kohlensäurehaltiges Mineralwasser
- 1 TL Leinöl
- 1 Prise Salz
- 1 Prise Pfeffer
- 1 Msp. Abrieb einer Bio-Zitrone

Zubereitung

1 Radieschen waschen, trocknen und mit einer Küchenreibe grob raspeln. Schnittlauch waschen und in schmale Röllchen schneiden.

2 Quark und Mineralwasser mit einem Schneebesen glatt rühren. Radieschen, Schnittlauch sowie die Öl, Gewürze und Zitronenschale unter den Quark mengen.

KÄSEDIP

Richtig lecker zu Kartoffelgerichten

Zubereitungszeit: 10 Minuten

Nährwerte pro Portion
89 kcal/372 kJ
11 g Eiweiß, 4 g Fett, 2 g Kohlenhydrate
0 g Ballaststoffe, 259 mg Kalzium
2 mg Vitamin C

Zutaten für 2 Portionen

- 1 Stück (50 g) würziger Käse, z. B. Emmentaler 30 % Fett i. Tr.
- 2 Frühlingszwiebeln
- 4 Radieschen
- 2 gehäufte EL Quark, Magerstufe
- 20 ml kohlensäurehaltiges Mineralwasser
- 1 Prise Salz
- 1 Prise Pfeffer

Zubereitung

1 Käse mit einer Küchenreibe fein raspeln. Frühlingszwiebeln waschen und in schmale Ringe schneiden. Radieschen putzen und in Stück schneiden.

2 Quark und Mineralwasser mit einem Schneebesen glatt rühren. Radieschen, Käseraspeln und Zwiebelringe unter den angerührten Quark mengen und mit Salz und Pfeffer abschmecken.

TAPENADE

Besonders lecker auf frischem Brot

Zubereitungszeit: 10 Minuten

Nährwerte pro Portion
90 kcal/375 kJ
1 g Eiweiß, 8 g Fett, 3 g Kohlenhydrate
1 g Ballaststoffe, 17 mg Kalzium
1 mg Vitamin C, 0,5 mg Vitamin E

Zutaten für 2 Portionen

- 1 Knoblauchzehe
- 1 kleine Gewürzgurke
- 30 g schwarze Oliven, entsteint
- 2 Zweige Thymian
- 1 Prise Salz
- 1 Prise Pfeffer
- 1 Msp. Senf
- ½ TL Honig
- 1 TL Olivenöl

Zubereitung

1 Knoblauch schälen und in feine Würfel schneiden. Gewürzgurke und Oliven abtropfen lassen und ebenfalls fein würfeln. Thymian waschen, trocknen und die Blättchen fein hacken.

2 Vorbereitete Zutaten mit den Gewürzen, dem Senf, dem Honig und dem Öl vermischen und abschmecken.

BÄRLAUCHSALZ

Herrlich aromatisches Salz

Zubereitungszeit: 5 Minuten
Trocknungszeit: 1 Stunde

Nährwerte pro Portion (1 g)
0 kcal/0 kJ
0 g Eiweiß, 0 g Fett, 0 g Kohlenhydrate
0 g Ballaststoffe, 1 mg Kalzium
0,3 mg Vitamin C

Zutaten für ca. 150 g

- 1 Bund Bärlauch
- 150 g grobes Meersalz

Zubereitung

1 Bärlauch waschen und die Stiele entfernen. Die Blätter in einem Küchentuch gut trocknen und grob zerkleinern. Anschließend in einen Mixer geben und fein zerkleinern. Das Salz dazugeben und kräftig mixen, bis ein feines Kräutersalz entstanden ist.

2 Ein Backblech mit Backpapier auslegen und das Salz darauf verteilen. 1 Stunde im Backofen bei 60 °C (Umluft) trocknen lassen. Sollte das Salz noch feucht sein, für weitere 30 Minuten in den Backofen geben. Das getrocknete Salz für eine feine Struktur nochmals mixen.

HINWEISE Abgefüllt in schöne Gläser ist das Salz ein hübsches Geschenk aus der Küche.
Sie können das Salz auch zwei Tage in der Sonne trocknen lassen. Dabei muss es zweimal täglich gewendet werden.

GRANATAPFELESSIG

Fruchtiger Essig für knackige Blattsalate

Zubereitungszeit: 10 Minuten
Marinierzeit: 2 Tage

Nährwerte pro Portion (1 EL = 15 ml)
6 kcal/23 kJ
0 g Eiweiß, 0 g Fett, 1 g Kohlenhydrate
0 g Ballaststoffe

Zutaten für ca. 250 ml

1 Granatapfel
250 ml weißer Balsamicoessig
½ EL Ahornsirup
Außerdem
2 Flaschen (je ca. 125 ml)

Zubereitung

1 Granatapfel halbieren und vierteln. Eine Schüssel mit Wasser füllen und die Granatapfelstücke unter Wasser drücken. Die Kerne mit den Fingern herauslösen, die Samenschalen mit einem Schaumlöffel abschöpfen und die Kerne durch ein Sieb gießen.

2 Essig, Ahornsirup und Granatapfelkerne in einem Topf aufkochen lassen, in zwei sterilisierte Flaschen füllen und vor der weiteren Verwendung 2 Tage durchziehen lassen.

HINWEIS Zum Sterilisieren kochendes Wasser in die Flaschen gießen und die Deckel auskochen. Den Backofen auf 100 °C (Ober-/Unterhitze) vorheizen und die ausgespülten Flaschen umgedreht für 10 Minuten in den Backofen geben.

DATTELDIP

Würzig-süße Kombination

Zubereitungszeit: 10 Minuten

Nährwerte pro Portion
130 kcal/543 kJ
6 g Eiweiß, 5 g Fett, 15 g Kohlenhydrate
2 g Ballaststoffe, 58 mg Kalzium
1 mg Vitamin C

Zutaten für 2 Portionen

2 EL Frischkäse, fettreduziert
2 EL Quark, Magerstufe
20 ml kohlensäurehaltiges Mineralwasser
4 getrocknete Datteln
1 Knoblauchzehe
½ TL Curry
1 Msp. Cayennepfeffer
1 Prise Salz
1 Prise Pfeffer

Zubereitung

1 Frischkäse, Quark und Mineralwasser mit einem Schneebesen glatt rühren.

2 Datteln entsteinen und in sehr feine Würfel schneiden. Knoblauch schälen und ebenfalls fein würfeln. Quark-Frischkäse-Masse mit den Dattel- und Knoblauchwürfeln vermengen und mit den Gewürzen abschmecken.

VANILLEEXTRAKT

Die Königin der Gewürze

Zubereitungszeit: 15 Minuten

Nährwerte pro Portion (2 g)
12 kcal/51 kJ
0 g Eiweiß, 0 g Fett, 3 g Kohlenhydrate
0 g Ballaststoffe

Zutaten für 4 Gläschen

100 g Zucker

6 Vanilleschoten

Außerdem

4 Twist-off-Gläser (je ca. 25 ml)

Zubereitung

1 Den Backofen auf 100 °C (Umluft) vorheizen.

2 Die Gläserdeckel in den Wasserkocher legen, reichlich Wasser einfüllen und zum Kochen bringen. Kochendes Wasser in die Gläser füllen und kurz stehen lassen. Anschließend das Wasser wieder aus den Gläschen gießen. Die Gläser umgedreht ca. 10 Minuten im heißen Ofen sterilisieren.

3 In der Zwischenzeit den Zucker mit 100 ml Wasser in einem kleinen Topf einkochen lassen, bis er eine sirupartige Konsistenz annimmt.

4 Die Vanilleschoten in ca. 1 cm breite Stücke schneiden und zusammen mit dem Sirup in einen Mixer geben. So lange pürieren, bis eine gleichmäßige Masse entstanden ist. (Dies kann etwas dauern, daher die Masse mit einem Teigschaber immer wieder nach unten schieben und so lange mixen, bis keine groben Stücke mehr vorhanden sind.)

5 Vanilleextrakt sofort in die heißen Gläser füllen und gut verschließen. Abkühlen lassen und danach im Kühlschrank aufbewahren.

HINWEIS Achten Sie beim Entnehmen des Vanilleextrakts darauf, einen sauberen Löffel zu verwenden. Die Haltbarkeit des Vanilleextrakts beträgt mehrere Monate.

GETROCKNETE TOMATEN

Sommeraromen haltbar gemacht

Zubereitung

1 Den Backofen auf 150 °C (Umluft) vorheizen.

2 Tomaten waschen, halbieren und mit der Schnittfläche nach oben auf einem mit Backpapier belegten Backblech verteilen. Thymian waschen, die Blättchen abzupfen und mit Zucker, Salz und Pfeffer vermischen. Auf den Tomatenhälften verteilen. Anschließend das Öl über die Tomaten geben.

3 Das Blech für ca. 5–6 Stunden in den heißen Backofen geben. Die Backofentür dabei einen Spalt geöffnet lassen. Nach der Hälfte der Garzeit wenden. Die Tomaten sollten am Ende getrocknet sein, sich jedoch noch biegen lassen.

HINWEIS Die Tomaten nach dem Abkühlen luftdicht verpacken. An einem kühlen Ort aufbewahrt sind sie ca. 1 Woche haltbar. Möchten Sie die Haltbarkeit verlängern, können Sie die Tomaten in Öl einlegen. Verwenden Sie hierfür ein mit heißem Wasser ausgespültes Schraubglas. Schichten Sie die Tomaten und ggf. weitere Zutaten (z. B. Rosmarinzweige und halbierte Knoblauchzehen) in das Glas. Begießen Sie alles mit Olivenöl, bis die Tomaten bedeckt sind, und streuen Sie großzügig Salz darüber. So halten sich die Tomaten mindestens 6 Monate.

Zubereitungszeit: 10 Minuten
Garzeit: 6 Stunden

Nährwerte pro Portion
44 kcal/183 kJ
1 g Eiweiß, 2 g Fett, 5 g Kohlenhydrate
1 g Ballaststoffe, 18 mg Kalzium
25 mg Vitamin C, 1,1 mg Vitamin E

Zutaten für ca. 4 Portionen

- 400 g Flaschentomaten
- 2 Zweige Thymian
- 2 TL brauner Zucker
- 1 TL Salz
- 1 Prise Pfeffer
- 1 EL Olivenöl

TOMATENBRÖSEL

Perfekt über Pasta oder Salat

Zubereitungszeit: 10 Minuten
Garzeit: 5 Minuten

Nährwerte pro Portion
174 kcal/727 kJ
3 g Eiweiß, 9 g Fett, 21 g Kohlenhydrate
2 g Ballaststoffe, 31 mg Kalzium
5 mg Vitamin C, 2 mg Vitamin E

Zutaten für 2 Portionen

- 1 Knoblauchzehe
- 2 Zweige frische italienische Kräuter, z. B. Rosmarin, Basilikum, Oregano
- 1 EL Olivenöl
- 2 gehäufte EL Semmelbrösel
- 1 gehäufter EL Tomatenmark
- 1 Prise Salz
- 1 Prise Pfeffer

Zubereitung

1 Knoblauch schälen und in sehr feine Würfel schneiden. Kräuter waschen, trocknen und die Nadeln bzw. Blättchen in feine Streifen schneiden.

2 Das Öl in einer beschichteten Pfanne zusammen mit den Knoblauchwürfeln sanft erhitzen. Die Semmelbrösel dazugeben und anbraten. Tomatenmark, Gewürze und Kräuter hinzugeben und einige Minuten mitbraten. Herausnehmen und abkühlen lassen.

TIPP Anstelle des Tomatenmarks können Sie auch 2–3 getrocknete Tomaten (Rezept siehe Seite 117) verwenden. Schneiden Sie sie in feine Streifen, geben Sie sie zu den Semmelbröseln in die Pfanne und verfahren Sie anschließend weiter wie im Rezept beschrieben.

KNOBLAUCHCROUTONS

Knusprige Suppeneinlage

Zubereitungszeit: 5 Minuten
Garzeit: 5 Minuten

Nährwerte pro Portion
129 kcal/539 kJ
2 g Eiweiß, 8 g Fett, 12 g Kohlenhydrate
3 g Ballaststoffe, 7 mg Kalzium
0,3 mg Vitamin C, 1,7 mg Vitamin E
0,6 g Omega-3-Fettsäuren

Zutaten für 2 Portionen

- 1 Scheibe Vollkornbrot
- 1 Knoblauchzehe
- 1 EL Sojaöl

Zubereitung

1 Das Brot in ca. 2 cm große Würfel schneiden. Den Knoblauch schälen und fein würfeln. Öl und Knoblauchwürfel in einer beschichteten Pfanne sanft erhitzen. Sobald der Knoblauch braun wird, die Brotwürfel dazugeben und die Hitze reduzieren.

2 Brotwürfel unter ständigem Wenden ca. 5 Minuten knusprig anbraten. Anschließend herausnehmen und abkühlen lassen.

TIPP Die Croutons schmecken auch sehr lecker als Topping auf einem frischen Blattsalat. Variieren Sie in der Zubereitung mit frischen Kräutern wie beispielsweise Rosmarinnadeln, Thymian oder Oregano.

HAUPTGERICHTE

PILZ-KÄSE-FETTUCCINE

Cremiges Nudelglück

Zubereitungszeit: 15 Minuten
Garzeit: 15 Minuten

Nährwerte pro Portion
355 kcal/1.485 kJ
18 g Eiweiß, 17 g Fett, 33 g Kohlenhydrate
18 g Ballaststoffe, 186 mg Kalzium
14 mg Vitamin C, 1,9 mg Vitamin E
1,1 g Omega-3-Fettsäuren

Zutaten für 2 Portionen

- 100 g Vollkornfettuccine
- 1 Knoblauchzehe
- ½ Zwiebel
- 300 g gemischte Pilze, z. B. Champignons, Kräuterseitlinge und Pfifferlinge
- 1 EL Sojaöl
- 100 ml Pilzfond (Glas)
- 1 Stück (ca. 40 g) Weichkäse, 30 % Fett i. Tr.
- 1 gehäufter EL Frischkäse, fettreduziert
- Je 1 Prise Salz, Pfeffer und Cayennepfeffer
- 2 EL Schnittlauchröllchen

Zubereitung

1 Einen Topf mit Salzwasser zum Kochen bringen. Nudeln nach Packungsanweisung al dente garen.

2 Knoblauch und Zwiebel schälen und in feine Würfel schneiden. Pilze mit einem Küchenkrepp säubern und vierteln. Das Öl in einem mittelgroßen Topf sanft erhitzen und die Zwiebel- und Knoblauchwürfel darin glasig andünsten. Die Pilze dazugeben und einige Minuten mitbraten.

3 Mit Pilzfond ablöschen und aufkochen lassen. Den Weichkäse grob würfeln, zusammen mit dem Frischkäse in die Soße geben und unter Rühren schmelzen lassen. Mit den Gewürzen abschmecken. Die Nudeln unter die Pilzsoße mengen und mit Schnittlauchröllchen bestreut servieren.

BUNTER NUDELAUFLAUF

Konfettigemüse sorgt für Farbe

Zubereitungszeit: 20 Minuten
Garzeit: 30 Minuten

Nährwerte pro Portion
402 kcal/1.682 kJ
21 g Eiweiß, 12 g Fett, 51 g Kohlenhydrate
15 g Ballaststoffe, 812 mg Kalzium
144 mg Vitamin C, 4,2 mg Vitamin E
0,3 g Omega-3-Fettsäuren

Zutaten für 2 Portionen

- 100 g Vollkornnudeln
- 1 Knoblauchzehe
- 1 blaue Zwiebel
- 1 kleine Zucchini (ca. 150 g)
- 1 rote Paprika
- 100 g Gemüsemais
- 1 TL Sojaöl
- 1 gehäufter EL Frischkäse, fettreduziert
- Je 1 Prise Salz, Pfeffer und Paprika (edelsüß)
- 1 Stück (ca. 30 g) Hartkäse, 30 % Fett i. Tr.

Zubereitung

1 Einen mittelgroßen Topf mit Salzwasser zum Kochen bringen. Nudeln nach Packungsanweisung al dente garen. Vor dem Abgießen ca. 50 ml des Kochwassers abschöpfen. Nudeln gut abtropfen lassen.

2 Den Backofen auf 180 °C (Ober-/Unterhitze) vorheizen.

3 Knoblauch und Zwiebel schälen und in feine Würfel schneiden. Zucchini und Paprika waschen und ebenfalls in kleine Würfel schneiden. Mais abtropfen lassen.

4 Das Öl in einem mittelgroßen Topf sanft erhitzen und Knoblauch- und Zwiebelwürfel darin glasig andünsten. Gemüsewürfel sowie Maiskörner dazugeben und einige Minuten mitdünsten lassen. Mit dem Nudelwasser ablöschen. Anschließend den Frischkäse in der Soße schmelzen lassen und mit den Gewürzen abschmecken.

5 Die Nudeln mit dem Gemüse vermengen und in eine feuerfeste Auflaufform geben. Den Käse mit einer Küchenreibe grob raspeln, über den Auflauf streuen und im heißen Ofen ca. 20 Minuten knusprig überbacken.

SPAGHETTI AGLIO E OLIO MIT BLATTSPINAT

Sehr lecker und schnell gezaubert

Zubereitung

1 Einen Topf mit Salzwasser zum Kochen bringen. Nudeln nach Packungsanweisung al dente garen. Kurz vor Ende der Garzeit 50 ml Nudelwasser abschöpfen und zur Seite stellen. Nudeln abgießen und abtropfen lassen.

2 Knoblauch schälen und in feine Scheiben schneiden. Chilischote waschen, halbieren, Stiel, Kerne und Samenwände entfernen und Schotenhälften in schmale Ringe schneiden. Blattspinat waschen, Stiele entfernen und die Spinatblätter abtropfen lassen.

3 Das Öl in einem mittelgroßen Topf sanft erhitzen und Knoblauch und Chili darin glasig andünsten. Den Blattspinat dazugeben und kurz zusammenfallen lassen.

4 Mit Nudelwasser ablöschen und aufkochen lassen. Mit Salz und Pfeffer abschmecken.

5 Parmesan fein reiben. Spaghetti mit Knoblauch-Chili-Spinat-Mischung schwenken und mit Parmesan bestreut servieren.

Zubereitungszeit: 10 Minuten
Garzeit: 10 Minuten

Nährwerte pro Portion
382 kcal/1.598 kJ
15 g Eiweiß, 19 g Fett, 38 g Kohlenhydrate
9 g Ballaststoffe, 296 mg Kalzium
42 mg Vitamin C, 2,8 mg Vitamin E
0,3 g Omega-3-Fettsäuren

Zutaten für 2 Portionen

- 120 g Vollkornspaghetti
- 2 Knoblauchzehen
- 1 kleine, rote Chilischote
- 150 g Blattspinat
- 1 ½ EL Olivenöl
- 1 Prise Salz
- 1 Prise Pfeffer
- 1 Stück Parmesan (ca. 30 g)

KÄSEPASTA

Gegrillte Paprika sorgen für Pep

Zubereitungszeit: 15 Minuten
Garzeit: 25 Minuten

Nährwerte pro Portion
323 kcal/1.352 kJ
17 g Eiweiß, 12 g Fett, 36 g Kohlenhydrate
9 g Ballaststoffe, 333 mg Kalzium
114 mg Vitamin C, 2,9 mg Vitamin E

Zutaten für 2 Portionen

- 1 rote Paprika
- 1 orange Paprika
- 100 g Vollkornnudeln
- 1 Knoblauchzehe
- 1 TL Olivenöl
- 50 ml Milch, 1,5 % Fett
- 1 Stück (ca. 30 g) Hartkäse, 30 % Fett i. Tr.
- 1 Stück (ca. 30 g) Weichkäse, 30 % Fett i. Tr.
- 1 Prise Salz
- 1 Prise Pfeffer
- 2 Zweige Oregano

Zubereitung

1 Den Backofen auf 250 °C (Ober-/Unterhitze) vorheizen. Ein Backblech mit Backpapier belegen.

2 Paprikaschoten waschen, halbieren, Stiel, Kerne und Samenwände entfernen und die Paprikahälften mit der Schnittfläche nach unten auf das Backblech legen. Im heißen Ofen 15–20 Minuten backen, bis die Haut schwarz wird und Blasen wirft.

3 Pasta in reichlich Salzwasser nach Packungsanweisung al dente garen. Am Ende der Garzeit ca. 50 ml Nudelwasser abschöpfen und zur Seite stellen. Nudeln abgießen und abtropfen lassen.

4 Das Backblech aus dem Ofen nehmen. Die Paprika kurz abkühlen lassen, anschließend die Haut abziehen und die Paprika in schmale Streifen schneiden.

5 Knoblauch schälen und in feine Scheiben schneiden. Das Öl in einer beschichteten Pfanne sanft erhitzen und die Knoblauchscheiben darin glasig andünsten. Mit Nudelwasser und Milch ablöschen und aufkochen lassen. Die beiden Käsesorten in kleine Würfel schneiden und in der Soße schmelzen lassen. Mit Salz und Pfeffer abschmecken.

6 Oregano waschen, trocknen, Blättchen abzupfen und mit der Soße, den Nudeln und den Paprikastreifen vermengen. Anschließend auf zwei tiefe Teller verteilen und servieren.

ZUCCHINI-ZITRONEN-TAGLIATELLE

Fruchtig-frische Bandnudeln

Zubereitung

1 Die Nudeln in einem Topf mit reichlich Salzwasser nach Packungsanweisung al dente garen.

2 Knoblauch und Schalotten schälen und in feine Scheiben schneiden. Zitrone heiß waschen, die Schale fein abreiben und zur Seite stellen. Zitronenhälfte auspressen. Zucchini waschen, halbieren und in schmale Ringe schneiden.

3 Das Öl in einem mittelgroßen Topf sanft erhitzen und die Zwiebel- und Knoblauchscheiben darin andünsten. Die Zitronenschale und die Zucchinischeiben dazugeben und einige Minuten mitbraten.

4 In der Zwischenzeit Basilikum waschen, trocknen und die Blättchen in feine Streifen schneiden. Oliven in feine Scheiben schneiden.

5 Oliven, Basilikum, Zitronensaft und Gewürze mit in den Topf geben und abschmecken.

6 Den Parmesan fein reiben und zusammen mit den Nudeln unter die Zucchinimasse mengen. Vor dem Servieren ggf. erneut abschmecken.

Zubereitungszeit: 15 Minuten
Garzeit: 15 Minuten

Nährwerte pro Portion
385 kcal/1.609 kJ
14 g Eiweiß, 18 g Fett, 41 g Kohlenhydrate
5 g Ballaststoffe, 257 mg Kalzium
32 mg Vitamin C, 2,1 mg Vitamin E
0,4 g Omega-3-Fettsäuren

Zutaten für 2 Portionen

100 g Vollkorn-Tagliatelle
1 Knoblauchzehe
3 Schalotten
½ Bio-Zitrone
1 Zucchini
1 EL Olivenöl
2 Zweige Basilikum
2 EL schwarze Oliven, entsteint
1 Prise Salz
1 Prise Pfeffer
1 Stück Parmesan (ca. 30 g)

REISPFANNE AUF MEXIKANISCHE ART

Ratzfatz auf dem Tisch

Zubereitungszeit: 10 Minuten
Garzeit: 15 Minuten

Nährwerte pro Portion
395 kcal/1.650 kJ
13 g Eiweiß, 10 g Fett, 62 g Kohlenhydrate
9 g Ballaststoffe, 92 mg Kalzium
68 mg Vitamin C, 2,6 mg Vitamin E

Zutaten für 2 Portionen

- 1 rote Zwiebel
- 1 Knoblauchzehe
- 150 g Gemüsemais
- 150 g Kidneybohnen (Glas/Dose)
- 1 rote Paprika
- 1 EL Olivenöl
- 100 g Reis
- Je 1 Prise Salz, Pfeffer, Paprika (rosenscharf) und Curry
- 250 ml Gemüsebrühe (Rezept S. 84)
- 1 Zweig Petersilie oder Koriander

Zubereitung

1 Zwiebel und Knoblauch schälen und in Würfel schneiden. Mais und Bohnen abtropfen lassen. Paprikaschote waschen, trocknen und halbieren. Strunk, Kerne und Samenwände entfernen und Paprikahälften würfeln.

2 Das Öl in einem mittelgroßen Topf erhitzen und Zwiebel- sowie Knoblauchwürfel darin glasig andünsten. Reis und Paprika dazugeben und einige Minuten mitbraten. Anschließend die Gewürze unterrühren. Mit der Gemüsebrühe ablöschen und den Reis bei mittlerer Hitze und unter Rühren ca. 10 Minuten köcheln lassen.

3 Kurz vor Ende der Garzeit Mais und Bohnen hinzugeben und ggf. nochmals abschmecken.

4 Petersilie waschen, trocknen und Blättchen fein hacken. Die Reispfanne auf zwei Teller verteilen und mit der Petersilie garniert servieren.

HINWEIS Zu diesem Rezept passt besser heller Reis. Wenn Sie Vollkornreis bevorzugen, dann kochen Sie ihn separat in ca. 45 Minuten gar und geben den gekochten Reis zusammen mit dem Mais und den Bohnen zu dem vorbereiteten Gemüse.

GRÜNER REISTOPF

Quer durch den Gemüsegarten

Zubereitungszeit: 15 Minuten
Garzeit: 50 Minuten

Nährwerte pro Portion
421 kcal/1.759 kJ
18 g Eiweiß, 13 g Fett, 58 g Kohlenhydrate
9 g Ballaststoffe, 226 mg Kalzium
37 mg Vitamin C, 2,8 mg Vitamin E
0,9 g Omega-3-Fettsäuren

Zutaten für 2 Portionen

- 4 Frühlingszwiebeln
- 1 Zucchini
- 1 kleine Stange Lauch (ca. 150 g)
- 1 Knoblauchzehe
- 1 EL Sojaöl
- 100 g Vollkornreis
- 250 ml Gemüsebrühe (Rezept S. 84)
- Je 1 Prise Pfeffer, Chili und Paprika (edelsüß)
- 200 g TK-Erbsen, aufgetaut
- 1 Stück Schafskäse (ca. 30 g)

Zubereitung

1 Frühlingszwiebeln, Zucchini und Lauch waschen. Frühlingszwiebeln in schmale Ringe schneiden, Zucchini und Lauch der Länge nach halbieren und in schmale Scheiben schneiden. Knoblauch schälen und fein würfeln.

2 Das Öl in einem mittelgroßen Topf erhitzen und Frühlingszwiebeln sowie Knoblauchwürfel darin glasig andünsten. Reis dazugeben und einige Minuten mitdünsten. Mit der Gemüsebrühe ablöschen, Gewürze untermengen und bei mittlerer Hitze unter Rühren ca. 40–50 Minuten köcheln lassen.

3 Etwa 4 Minuten vor Ende der Garzeit Zucchini, Lauchstreifen und Erbsen dazugeben. Den Schafskäse grob zerteilen und unter den Reistopf mengen.

BACKOFENKARTOFFELN MIT GRÜNER SOSSE

Der Klassiker aus Frankfurt

Zubereitung

1 Kartoffeln waschen und in einem Topf mit wenig Wasser ca. 20 Minuten weich garen. Anschließend beide Öle in einer beschichteten Pfanne erhitzen und die Kartoffeln darin ca. 5 Minuten von allen Seiten knusprig anbraten.

2 In der Zwischenzeit die Kräuter waschen, trocknen und die Blättchen in feine Streifen schneiden. Quark und Milch mit einem Schneebesen glatt rühren und mit den Kräutern vermengen. Gewürze und Öl unterrühren.

3 Die Kartoffeln auf zwei Tellern verteilen und die grüne Soße darübergeben. Dazu passt ein knackiger Blattsalat.

TIPP Kräuter für grüne Soße finden Sie in gut sortierten Supermärkten in der Obst- und Gemüseabteilung. Ein Bund besteht in der Regel aus Borretsch, Kerbel, Kresse, Petersilie, Pimpinelle, Sauerampfer und Schnittlauch.

Zubereitungszeit: 10 Minuten
Garzeit: 25 Minuten

Nährwerte pro Portion
346 kcal/1.444 kJ
22 g Eiweiß, 9 g Fett, 42 g Kohlenhydrate
6 g Ballaststoffe, 188 mg Kalzium
39 mg Vitamin C, 0,9 mg Vitamin E
3,2 g Omega-3-Fettsäuren

Zutaten für 2 Portionen

½ kg neue Kartoffeln
1 TL Leinöl
1 TL Sojaöl
½ Bund Kräuter für grüne Soße
250 g Quark, Magerstufe
20 ml Milch, 1,5 % Fett
1 Prise Salz
1 Prise Pfeffer
1 TL Leinöl

KARTOFFELPLÄTZCHEN

Leckere Kombination mit Süßkartoffeln

Zubereitungszeit: 15 Minuten
Garzeit: 25 Minuten

Nährwerte pro Portion
495 kcal/2.069 kJ
8 g Eiweiß, 16 g Fett, 77 g Kohlenhydrate
10 g Ballaststoffe, 58 mg Kalzium
58 mg Vitamin C, 7 mg Vitamin E
1 g Omega-3-Fettsäuren

Zutaten für 2 Portionen

½ kg festkochende Kartoffeln
1 kleine Süßkartoffel (ca. 200 g)
4 Frühlingszwiebeln
1 gehäufter EL Haferflocken
1 gehäufter EL Stärke
Je 1 Prise Salz, Pfeffer und Muskatnuss
2 EL Sojaöl

Zubereitung

1 Kartoffeln und Süßkartoffel waschen, schälen und mit einer Küchenreibe grob raspeln. Frühlingszwiebeln waschen und in schmale Ringe schneiden. Kartoffelraspeln und Frühlingszwiebeln mit Haferflocken und Stärke vermengen und mit den Gewürzen abschmecken.

2 Das Öl in einer beschichteten Pfanne erhitzen und den Pufferteig portionsweise (jeweils 1 ½ EL) hineingeben. Die Plätzchen von jeder Seite ca. 4 Minuten knusprig braten.

HINWEIS Sie können die Plätzchen auch mit anderen Gemüsesorten (z. B. geriebenen Karotten, Sellerie, Pastinaken, Petersilienwurzeln oder klein geschnittenem Lauch) kombinieren.
Servieren Sie die Plätzchen mit dem Käsedip (Rezept S. 110) und einem knackigen Blattsalat.

SÜSSKARTOFFEL-ZWIEBEL-GRATIN

Cremig und knusprig zugleich

Zubereitungszeit: 15 Minuten
Garzeit: 30 Minuten

Nährwerte pro Portion
459 kcal/1.920 kJ
11 g Eiweiß, 19 g Fett, 59 g Kohlenhydrate
9 g Ballaststoffe, 351 mg Kalzium
77 mg Vitamin C, 11,8 mg Vitamin E
1,7 g Omega-3-Fettsäuren

Zutaten für 2 Portionen

2 Süßkartoffeln (je ca. 250 g)
2 Zweige Zitronenthymian
1 EL Olivenöl
1 Prise Salz
1 Prise Pfeffer
1 Zwiebel
1 TL Leinöl
1 Prise Salz
1 Prise Pfeffer
1 Stück Parmesan (ca. 50 g)

Zubereitung

1 Den Backofen auf 200 °C (Ober-/Unterhitze) vorheizen.

2 Süßkartoffeln schälen und in ca. 2 cm dicke Scheiben schneiden. Thymian waschen und die Blättchen fein hacken. Olivenöl, Gewürze und Thymian vermengen. Süßkartoffeln in eine feuerfeste Form geben, mit der Ölmischung bestreichen und im heißen Ofen ca. 20 Minuten backen.

3 In der Zwischenzeit die Zwiebel schälen, halbieren und in Scheiben schneiden. Das Leinöl in einer kleinen Pfanne erhitzen und die Zwiebelscheiben darin anbraten. Anschließend unter Wenden ca. 5 Minuten knusprig bräunen. Mit Salz und Pfeffer würzen.

4 Parmesan mit einer Küchenreibe fein raspeln. Süßkartoffeln aus dem Ofen nehmen, die Zwiebelscheiben zwischen die Süßkartoffeln schichten und den geriebenen Käse darüber verteilen. Den Backofen auf die höchste Stufe (250 °C) stellen und das Gratin ca. 5 Minuten backen.

GEBRATENER BLUMENKOHL-CURRY-TOPF

Knackiger Gemüsegenuss

Zubereitungszeit: 15 Minuten
Ziehzeit: 10 Minuten
Garzeit: 10 Minuten

Nährwerte pro Portion

302 kcal/1.262 kJ
18 g Eiweiß, 14 g Fett, 23 g Kohlenhydrate
17 g Ballaststoffe, 235 mg Kalzium
179 mg Vitamin C, 4 mg Vitamin E
2,9 g Omega-3-Fettsäuren

Zutaten für 2 Portionen

- 500 g Blumenkohl
- 2 Schalotten
- 1 Dose Kichererbsen (ca. 425 ml)
- 1 EL Olivenöl
- 1 geh. EL Curry
- 1 Prise Salz
- 1 Prise Cayennepfeffer
- 1 Zweig Koriander
- 1 Stück Schafskäse (30 g)

Zubereitung

1 Blumenkohl putzen und die Röschen in mundgerechte Stücke schneiden. Anschließend für ca. 10 Minuten in Salzwasser legen. Schalotten schälen und in feine Scheiben schneiden. Kichererbsen abtropfen lassen.

2 Das Öl in einer beschichteten Pfanne erhitzen und die Zwiebelscheiben darin glasig andünsten. Den Blumenkohl abgießen, mit in die Pfanne geben und unter ständigem Rühren ca. 5 Minuten anbraten. Kichererbsen und Currypulver untermengen und einige Minuten mitbraten. Mit Salz und Cayennepfeffer abschmecken.

3 Koriander waschen und die Blättchen in feine Streifen schneiden. Schafskäse grob zerteilen und mit den Korianderstreifen über den Blumenkohltopf streuen.

TIPP Dazu passt am besten Volkornreis.

THAICURRY

Kokosmilch und aromatische Gewürze runden das Curry ab

Zubereitungszeit: 15 Minuten
Ziehzeit: 10 Minuten
Garzeit: 10 Minuten

Nährwerte pro Portion
165 kcal/691 kJ
9 g Eiweiß, 8 g Fett, 13 g Kohlenhydrate
12 g Ballaststoffe, 251 mg Kalzium
101 mg Vitamin C, 2,2 mg Vitamin E
0,3 g Omega-3-Fettsäuren

Zutaten für 2 Portionen

- 300 g Brokkoli
- 2 Karotten
- 1 Stück Ingwer (ca. 20 g)
- 1 Knoblauchzehe
- 100 g Hülsenfruchtsprossen, z. B. Mungobohnensprossen
- 1 TL Sesamöl
- 1 TL Sojaöl
- 1 TL Sesam
- ½ TL Kurkumapulver
- ¼ TL gemahlenes Zitronengras
- Einige Chilifäden
- 1 Prise Salz
- 1 Prise Pfeffer
- 1 EL Sojasoße
- 100 ml Kokosmilch, fettreduziert
- 2 zweige Koriander

Zubereitung

1 Brokkoli putzen und Röschen in mundgerechte Stücke zerteilen. Anschließend für ca. 10 Minuten in Salzwasser legen. Karotten waschen, schälen und in schmale Streifen schneiden. Ingwer und Knoblauch schälen und fein würfeln. Sprossen waschen und gut abtropfen lassen. Brokkoliröschen abgießen und ebenfalls gut abtropfen lassen.

2 Beide Öle in einem Wok oder einer beschichteten Pfanne erhitzen und den Sesam, die Ingwer- und Knoblauchwürfel sowie die Gewürze (inklusive Chilifäden) darin anbraten. Brokkoliröschen und Karottenstreifen hinzugeben und einige Minuten mitbraten.

3 Mit Sojasoße und Kokosmilch ablöschen und aufkochen lassen. Die Sprossen dazugeben und einige Minuten köcheln lassen. Ggf. nachwürzen, auf zwei Teller verteilen und servieren.

4 Koriander hacken und über das Curry geben.

TIPP Das Thaicurry schmeckt am besten mit gekochtem Jasmin- oder Basmatireis.

GEFÜLLTER GEMÜSEMIX

Vitamine satt

Zubereitungszeit: 15 Minuten
Vorbereitungszeit: 20 Minuten
Garzeit: 45 Minuten

Nährwerte pro Portion
332 kcal/1.387 kJ
15 g Eiweiß, 15 g Fett, 33 g Kohlenhydrate
9 g Ballaststoffe, 247 mg Kalzium
63 mg Vitamin C, 4,1 mg Vitamin E
2 g Omega-3-Fettsäuren

Zutaten für 2 Portionen

2 Zwiebeln
2 Zucchini
1 Stück Schafskäse (40 g)
1 TL Leinöl
1 TL Olivenöl
1 gehäufter EL Ajvar (Glas)
100 g gekochter Reis
1 EL Pinienkerne
100 ml Gemüsebrühe (Rezept S. 84)

Zubereitung

1 Den Backofen auf 175 °C (Ober-/Unterhitze) vorheizen.

2 Zwiebeln schälen, Zucchini waschen und trocknen. Bei beiden Gemüsen einen Deckel abschneiden, Gemüse mit einem Löffel aushöhlen und ggf. am Boden gerade abschneiden. Gemüseinneres in kleine Würfel schneiden. Schafskäse grob würfeln.

3 Die beiden Ölsorten in einem mittelgroßen Topf erhitzen und die vorbereiteten Gemüsewürfel darin andünsten. Ajvar und Schafskäse dazugeben und kurz mitbraten. Reis und Pinienkerne untermengen. Anschließend in das ausgehöhlte Gemüse füllen und den jeweiligen Deckel auflegen.

4 Das Gemüse in eine feuerfeste Auflaufform setzen, die Gemüsebrühe um das Gemüse gießen und im heißen Ofen ca. 30–40 Minuten garen.

ÜBERBACKENE OFENBROTE

Unkompliziertes Festmahl

Zubereitung

1 Zucchini waschen und in ca. 1 cm breite Scheiben schneiden. Knoblauch schälen und in feine Scheiben schneiden. Rosmarinzweig waschen und trocknen.

2 Das Öl in einer beschichteten Pfanne erhitzen und die Knoblauchscheiben sowie den Rosmarinzweig darin anbraten. Die Zucchinischeiben hinzugeben und kurz mitbraten. Mit Salz und Pfeffer würzen und zur Seite stellen.

3 Die italienischen Kräuter waschen, trocknen und die Blättchen abzupfen. Den Frischkäse mit etwas Wasser und dem Tomatenmark glatt rühren und mit den Gewürzen sowie den Kräuterblättchen abschmecken.

4 Den Backofen auf 180 °C (Ober-/Unterhitze) vorheizen.

5 Das Fladenbrot quer halbieren und mit dem vorbereiteten Frischkäse bestreichen. Die Zucchinischeiben auf den Fladenbroten verteilen. Den Mozzarella abtropfen lassen und in schmale Scheiben schneiden. Über die Zucchinischeiben geben und im heißen Ofen ca. 20 Minuten knusprig backen.

6 Rucola waschen, in mundgerechte Stücke schneiden und vor dem Servieren über die Fladenbrote streuen.

Zubereitungszeit: 15 Minuten
Garzeit: 25 Minuten

Nährwerte pro Portion
666 kcal/2.784 kJ
30 g Eiweiß, 25 g Fett, 78 g Kohlenhydrate
6 g Ballaststoffe, 366 mg Kalzium
30 mg Vitamin C, 2,8 mg Vitamin E
0,4 g Omega-3-Fettsäuren

Zutaten für 2 Portionen

1 Zucchini
1 Knoblauchzehe
1 Zweig Rosmarin
1 TL Olivenöl
1 Prise Salz
1 Prise Pfeffer

Für den Aufstrich

2 Zweige italienische Kräuter, z. B. Zitronenthymian, Oregano
2 gehäufte EL Frischkäse, fettreduziert
1 EL Tomatenmark
1 Prise Salz
1 Prise Pfeffer

Außerdem

1 Fladenbrot (ca. 300 g)
1 Kugel Mozzarella, fettreduziert
1 Handvoll Rucola (ca. 50 g)

SPINAT-PIDE

Essen wie im Urlaub

Zubereitungszeit: 40 Minuten
Gehzeit: 50 Minuten
Garzeit: 25 Minuten

Nährwerte pro Fladen
324 kcal/1.354 kJ
13 g Eiweiß, 17 g Fett, 30 g Kohlenhydrate
5 g Ballaststoffe, 292 mg Kalzium
19 mg Vitamin C, 2,3 mg Vitamin E
0,3 g Omega-3-Fettsäuren

Zutaten für 4 Fladen

Für den Teig
- ¼ Würfel Hefe (ca. 10 g)
- 1 Prise Zucker
- 300 g Dinkelmehl, Typ 630
- 1 Prise Salz
- 40 ml Olivenöl

Für die Füllung
- 2 Knoblauchzehen
- 1 Zwiebel
- Abrieb von ½ Bio-Zitrone
- 1 TL Olivenöl
- 300 g Blattspinat
- Je 1 Prise Kreuzkümmel, Pfeffer und Muskatnuss
- 100 g Schafskäse
- 2 EL Sesam

Zubereitung

1 Die Hefe zerbröseln und zusammen mit dem Zucker unter Rühren in 150 ml warmem Wasser auflösen. Mehl in eine Schüssel sieben, eine kleine Vertiefung formen und die Hefemischung hineingießen.

2 Etwas Mehl vom Rand mit in die Mulde geben und mit der Hefe zu einem Vorteig verrühren. Anschließend mit einem sauberen Küchentuch abgedeckt an einem warmen Ort ca. 20 Minuten gehen lassen. Nach der Gehzeit Salz und Öl mit in die Schüssel geben und alles mit den Knethaken des Handrührgerätes zu einem geschmeidigen Teig verarbeiten. Anschließend nochmals abgedeckt ca. 30 Minuten gehen lassen.

3 In der Zwischenzeit die Knoblauchzehen und die Zwiebel schälen und in feine Scheiben schneiden. Zitrone heiß waschen, die Schale mit einer Küchenreibe fein raspeln und zur Seite stellen.

4 Den Backofen auf 225 °C (Ober-/Unterhitze) vorheizen. Ein Backblech mit Backpapier belegen.

5 Das Öl in einem mittelgroßen Topf sanft erhitzen und die Knoblauch- und Zwiebelscheiben darin glasig andünsten. Spinat sorgfältig waschen und gut abtropfen lassen. Anschließend zu den Zwiebeln und dem Knoblauch geben und zusammenfallen lassen.

6 Zitronenschale und Gewürze dazugeben und kurz aufkochen lassen. Schafskäse grob zerkleinern und unter den Spinat rühren. Vom Herd nehmen und etwas abkühlen lassen.

7 Den Hefeteig mit den Händen durchkneten, in vier Portionen teilen und auf der bemehlten Arbeitsfläche zu vier ovalen Fladen ausrollen. Spinatfüllung mittig auf den beiden Fladen verteilen und die Ränder ca. 2 cm nach innen einrollen. Die Teigränder mit etwas Wasser bepinseln und mit dem Sesam bestreuen. Die Fladen auf das Backblech legen und im heißen Ofen ca. 20 Minuten backen.

LACHS MIT PAPRIKASALSA

Exotischer Kick durch fruchtige Mango

Zubereitungszeit: 15 Minuten
Garzeit: 8 Minuten

Nährwerte pro Portion
442 kcal/1.848 kJ
31 g Eiweiß, 32 g Fett, 9 g Kohlenhydrate
2 g Ballaststoffe, 35 mg Kalzium
80 mg Vitamin C, 6,6 mg Vitamin E
3,7 g Omega-3-Fettsäuren

Zutaten für 2 Portionen

2 Lachsfilets (je ca. 150 g)
1 EL Zitronensaft
1 Prise Salz
1 rote Paprika
2 Frühlingszwiebeln
½ kleine, reife Mango
1 TL Leinöl
1 TL Mangoessig (oder anderer Fruchtessig)
1 Prise Salz
1 Prise Pfeffer
1 EL Sojaöl

Zubereitung

1 Lachs waschen, trocknen, mit Zitronensaft beträufeln und salzen.

2 Paprika waschen, halbieren, Samenwände und Kerne entfernen und die Paprikahälften in kleine Würfel schneiden. Frühlingszwiebel waschen und in schmale Ringe schneiden. Mango schälen, den Stein entfernen und das Fruchtfleisch in kleine Würfel schneiden.

3 Aus Öl, Essig und Gewürzen ein Dressing herstellen und die vorbereiteten Salsazutaten mit dem Dressing vermengen.

4 Sojaöl in einer beschichteten Pfanne erhitzen, die Lachsfilets mit einem Küchenkrepp trocknen und im heißen Öl von jeder Seite ca. 3–4 Minuten braten. Anschließend den Lachs mit der Paprikasalsa anrichten und servieren.

HINWEIS Bei der Garzeit des Lachses berücksichtigen Sie bitte Ihre persönlichen Vorlieben. Mögen Sie den Lachs nicht ganz durchgegart, dann verkürzen Sie ggf. die Bratzeit.

THUNFISCH IN BUNTER PANADE

Farbenfrohes Highlight auf dem Teller

Zubereitungszeit: 30 Minuten
Garzeit: 8 Minuten

Nährwerte pro Portion
565 kcal/2.372 kJ
44 g Eiweiß, 37 g Fett, 14 g Kohlenhydrate
5 g Ballaststoffe, 191 mg Kalzium
62 mg Vitamin C, 4,7 mg Vitamin E
7,1 g Omega-3-Fettsäuren

Zutaten für 2 Portionen

- 2 Thunfischfilets (je ca. 150 g)
- 2 EL Zitronensaft
- 1 Prise Salz
- 1 Karotte
- ½ Kohlrabi
- ½ Stange Lauch
- 1 Zweig Petersilie
- 2 EL Mehl
- 1 Ei
- 1 Prise Salz
- 1 Prise Pfeffer
- 1 EL Sojaöl

Zubereitung

1 Fischfilets waschen, trocknen, mit Zitronensaft beträufeln und salzen.

2 Das Gemüse waschen. Karotte und Kohlrabi schälen und in feine Würfel schneiden. Lauch der Länge nach halbieren, unter fließendem, kaltem Wasser gründlich waschen und in feine Streifen schneiden.

3 Karotten- und Kohlrabiwürfel in reichlich kochendem Wasser ca. 1 Minute blanchieren. Lauch dazugeben und 1 Minute köcheln lassen. Das Gemüse abgießen, kalt abspülen, gut abtropfen lassen und in einem Küchentuch trocknen.

4 Petersilie waschen, trocknen und die Blättchen fein hacken. Unter das Gemüse mischen und alles auf einer großen Platte verteilen.

5 Mehl auf einen Teller geben, das Ei in einen tiefen Teller schlagen und mit einer Gabel verquirlen. Mit etwas Salz und Pfeffer würzen. Den Fisch zuerst im Mehl wenden, dann im Ei und zuletzt im Gemüse; dabei das Gemüse von allen Seiten gut andrücken.

6 Das Öl in einer beschichteten Pfanne erhitzen und den Fisch darin von jeder Seite ca. 3 Minuten knusprig braten.

HINWEIS Thunfisch wird gerne halb roh gegessen. Die Gardauer hängt von Ihren persönlichen Vorlieben ab. Fisch benötigt eine kurze Garzeit, daher tasten Sie sich an die passende Gardauer heran.

HEILBUTTSTEAKS ITALIA

Mit Tomaten-Kräuter-Kruste

Zubereitung

1 Den Backofen auf 180 °C (Ober-/Unterhitze) vorheizen.

2 Fisch unter kaltem, fließendem Wasser waschen, trocknen, mit Zitronensaft beträufeln und salzen. Anschließend zur Seite stellen.

3 Tomate waschen, trocknen, halbieren, den Strunkansatz entfernen und die Tomatenhälften in kleine Würfel schneiden. Parmesan fein reiben und mit dem Paniermehl, dem Tomatenmark und den Tomatenwürfeln vermengen.

4 Rosmarin waschen, trocknen und die Nadeln fein hacken. Rosmarin und Pfeffer unter die Tomaten-Paniermehlmasse mengen und ggf. salzen.

5 Die Hälfte des Öls in einer beschichteten Pfanne erhitzen und den Fisch von beiden Seiten je 2 Minuten anbraten. Fischfilets aus der Pfanne nehmen, eine feuerfeste Form mit dem restlichen Öl einfetten und die Fischfilets hineingeben.

6 Die Tomatenmasse auf den Filets verteilen und im heißen Ofen ca. 10–15 Minuten überbacken.

Zubereitungszeit: 15 Minuten
Garzeit: 20 Minuten

Nährwerte pro Portion
438 kcal/1.831 kJ
26 g Eiweiß, 34 g Fett, 9 g Kohlenhydrate
1 g Ballaststoffe, 166 mg Kalzium
12 mg Vitamin C, 3,2 mg Vitamin E
5,3 g Omega-3-Fettsäuren

Zutaten für 2 Portionen

- 2 Heilbuttsteaks (je ca. 150 g)
- 1 EL Zitronensaft
- 1 Prise Salz
- 1 Tomate
- 1 Stück Parmesan (ca. 20 g)
- 2 EL Paniermehl
- 1 TL Tomatenmark
- 1 Zweig Rosmarin
- 1 Prise Pfeffer
- 1 EL Sojaöl

BEILAGEN

KNOBLAUCHKARTOFFELN

Aromatischer Rosmarin verleiht das gewisse Etwas

Zubereitungszeit: 20 Minuten
Garzeit: 45 Minuten

Nährwerte pro Portion
271 kcal/1.132 kJ
5 g Eiweiß, 12 g Fett, 35 g Kohlenhydrate
6 g Ballaststoffe, 22 mg Kalzium
31 mg Vitamin C, 0,8 mg Vitamin E
4,5 g Omega-3-Fettsäuren

Zutaten für 2 Portionen

- ½ kg festkochende Kartoffeln
- 2 Knoblauchzehen
- 2 Zweige Rosmarin
- 1 EL Leinöl
- ½ EL Olivenöl
- Je 1 Prise Salz, Pfeffer und Paprika (edelsüß)

Zubereitung

1 Kartoffeln waschen, schälen und in Spalten schneiden. Reichlich Salzwasser erhitzen und die Kartoffelspalten darin ca. 3 Minuten kochen.

2 Den Backofen auf 200 °C (Ober-/Unterhitze) vorheizen.

3 Knoblauch schälen und in feine Würfel schneiden. Rosmarinzweige waschen und die Nadeln fein hacken. Beide Öle mit den Knoblauchwürfeln, dem gehackten Rosmarin und den Gewürzen vermengen.

4 Kartoffeln abgießen und mit dem Öl vermengen. Anschließend auf einem Backblech verteilen und ca. 40–45 Minuten knusprig backen. Nach der Hälfte der Garzeit wenden.

SÜSSKARTOFFELPOMMES

Gelingen auch ohne Fritteuse

Zubereitungszeit: 15 Minuten
Garzeit: 25 Minuten

Nährwerte pro Portion
419 kcal/1.751 kJ
3 g Eiweiß, 16 g Fett, 65 g Kohlenhydrate
6 g Ballaststoffe, 63 mg Kalzium
54 mg Vitamin C, 10,8 mg Vitamin E
1,1 g Omega-3-Fettsäuren

Zutaten für 2 Portionen

- 400 g Süßkartoffeln
- 2 ½ EL Speisestärke
- 2 EL Soja- oder Rapsöl
- Je 1 Prise Salz, Pfeffer, Paprika und Curry

Zubereitung

1 Den Backofen auf 250 °C (Ober-/Unterhitze) vorheizen. Ein Backblech mit Backpapier belegen.

2 Süßkartoffeln waschen, gründlich abtrocknen, schälen und in ca. 1 cm breite Pommes schneiden. Die Hälfte der Stärke und der Pommes in einen Gefrierbeutel geben. Den Beutel leicht aufpusten, gut verschließen und kräftig schütteln, sodass sich die Stärke gleichmäßig verteilt. Mit der restlichen Stärke und den übrigen Pommes wiederholen.

3 Das Öl mit den Gewürzen verrühren. Die Pommes auf dem Backblech verteilen und mit dem Öl beträufeln. Achten Sie darauf, dass die Pommes nicht übereinanderliegen. Im heißen Ofen ca. 10 Minuten backen, Pommes wenden und weitere 10–15 Minuten knusprig backen.

TIPP Dazu passt ein leichter Joghurt-Dip.

KARTOFFELPÜREE AUF SÜDEUROPÄISCHE ART

Oliven und Ajvar sorgen für mediterranen Geschmack

Zubereitungszeit: 15 Minuten
Garzeit: 25 Minuten

Nährwerte pro Portion
312 kcal/1.303 kJ
8 g Eiweiß, 13 g Fett, 40 g Kohlenhydrate
6 g Ballaststoffe, 103 mg Kalzium
31 mg Vitamin C, 1,7 mg Vitamin E
0,1 g Omega-3-Fettsäuren

Zutaten für 2 Portionen

½ kg mehligkochende Kartoffeln
2 EL schwarze Oliven, entsteint
1 Knoblauchzehe
125 ml Milch, 1,5 % Fett
1 EL Olivenöl
1 EL Ajvar (Glas)
Je 1 Prise Salz, Pfeffer und Paprika (rosenscharf)

Zubereitung

1 Kartoffeln waschen, schälen und vierteln. In reichlich Salzwasser ca. 20–25 Minuten weich kochen.

2 Die Hälfte der Oliven in kleine Würfel, die andere Hälfte in schmale Scheiben schneiden. Knoblauch schälen und fein würfeln.

3 Kartoffeln abgießen. Die Milch erhitzen und zusammen mit dem Öl, den gewürfelten Oliven sowie dem Knoblauch und dem Ajvar zu den Kartoffeln geben. Mit den Schneebesen des Handrührgerätes alles zu einem lockeren Püree verarbeiten. Mit den Gewürzen abschmecken, mit den Olivenscheiben garnieren und gleich servieren.

MANDELKARTOFFELN

Knuspriger Kartoffelgenuss

Zubereitungszeit: 5 Minuten
Garzeit: 25 Minuten

Nährwerte pro Portion
270 kcal/1.129 kJ
6 g Eiweiß, 12 g Fett, 35 g Kohlenhydrate
6 g Ballaststoffe, 29 mg Kalzium
29 mg Vitamin C, 2,7 mg Vitamin E
0,1 g Omega-3-Fettsäuren

Zutaten für 2 Portionen

½ kg kleine, festkochende Kartoffeln
1 EL Olivenöl
2 EL Mandelblättchen
1 Prise Salz (Fleur de Sel)
1 Prise Pfeffer

Zubereitung

1 Kartoffeln gründlich waschen, in Salzwasser ca. 20 Minuten weich garen und anschließend gut abtropfen lassen..

2 Das Öl in einer beschichteten Pfanne erhitzen und die Mandelblättchen zusammen mit den Kartoffeln darin ca. 5 Minuten goldgelb anbraten. Mit Salz und Pfeffer würzen.

RÖSTGEMÜSE UND KNUSPRIGE OFENKARTOFFELN

Ein unschlagbares Duo

Zubereitung

1 Den Backofen auf 220 °C (Ober-/Unterhitze) vorheizen.

2 Kartoffeln, Karotte und Kürbis unter fließendem Wasser gründlich mit einer Bürste säubern. Anschließend schälen und in schmale Spalten schneiden. Zwiebel schälen und in ca. 2 cm breite Spalten schneiden. Knoblauch schälen und in feine Würfel schneiden.

3 Eine feuerfeste Form mit dem Öl bepinseln und die vorbereiteten Zutaten hineingeben. Mit Salz, Pfeffer und Paprikapulver würzen und alles gründlich vermengen.

4 Rosmarinzweige waschen, trocknen und die Nadeln zum Gemüse geben. Im heißen Ofen ca. 45 Minuten backen. Nach der Hälfte der Garzeit die Gemüsespalten wenden.

5 In der Zwischenzeit aus Öl, Essig, Honig und Gewürzen ein Dressing herstellen. Gemüsebrühe kurz aufkochen lassen und mit dem Dressing vermengen. Am Ende der Garzeit das Röstgemüse mit dem Dressing vermengen und abkühlen lassen. Lauwarm servieren.

Zubereitungszeit: 20 Minuten
Garzeit: 45 Minuten

Nährwerte pro Portion
360 kcal/1.505 kJ
8 g Eiweiß, 16 g Fett, 45 g Kohlenhydrate
9 g Ballaststoffe, 109 mg Kalzium
47 mg Vitamin C, 2,5 mg Vitamin E
0,2 g Omega-3-Fettsäuren

Zutaten für 2 Portionen

400 g festkochende Kartoffeln
1 mittelgroße Karotte (ca. 150 g)
1 Stück Hokkaidokürbis (ca. 300 g)
1 Zwiebel
1 Knoblauchzehe
1 EL Olivenöl
Je 1 Prise Salz, Pfeffer und Paprika
2 Zweige Rosmarin

Für das Dressing
1 EL Olivenöl
1 EL Essig
1 TL Honig
1 Prise Salz
1 Prise Pfeffer
50 ml Gemüsebrühe (Rezept S. 84)

RATATOUILLEREIS

Einfach nur lecker!

Zubereitungszeit: 15 Minuten
Garzeit: 50 Minuten

Nährwerte pro Portion
282 kcal/1.178 kJ
5 g Eiweiß, 9 g Fett, 45 g Kohlenhydrate
4 g Ballaststoffe, 42 mg Kalzium
63 mg Vitamin C, 2,4 mg Vitamin E
0,1 g Omega-3-Fettsäuren

Zutaten für 2 Portionen

- 100 g Vollkornreis
- 1 Lorbeerblatt
- ½ rote Paprika
- ½ gelbe Paprika
- ½ Aubergine
- 1 kleine Zwiebel
- 1 Knoblauchzehe
- Je 1 Zweig Rosmarin, Oregano und Thymian
- 1 EL Olivenöl
- 1 Prise Salz
- 1 Prise Pfeffer

Zubereitung

1 Reis und Lorbeerblatt ca. 40–50 Minuten in 250 ml Salzwasser garen.

2 Paprikaschoten waschen, halbieren, Stiel, Kerne und Samenwände entfernen und die Paprikahälften in kleine Würfel schneiden. Aubergine waschen, Zwiebel und Knoblauchzehe schälen und alles ebenfalls in kleine Würfel schneiden.

3 Kräuter waschen, trocknen und Blättchen bzw. Nadeln fein hacken.

4 Das Öl in einem mittelgroßen Topf erhitzen und Zwiebel- sowie Knoblauchwürfel darin glasig andünsten. Das restliche Gemüse hinzugeben und unter Rühren bei mittlerer Hitze ca. 10 Minuten anbraten. Die Kräuter dazugeben und mit Salz und Pfeffer abschmecken.

5 Das Lorbeerblatt entfernen, den Reis abgießen und mit dem Gemüse vermengen. Vor dem Servieren ggf. noch einmal abschmecken.

ROSENKOHL AUS DER PFANNE

Knusprig gebraten, mit Mandelblättchen

Zubereitungszeit: 10 Minuten
Garzeit: 20 Minuten

Eine Portion enthält
130 kcal/543 kJ, 8 g Eiweiß,
9 g Fett, 4 g Kohlenhydrate,
8 g Ballaststoffe, 113 mg Harnsäure

Zutaten für 2 Portionen

- 400 g Rosenkohl
- 1 EL Mandelblättchen
- ½ EL Rapsöl
- 1 TL Butter
- Salz, Pfeffer
- 1 Spritzer Zitronensaft

Zubereitung

1 Den Rosenkohl putzen und die Röschen halbieren. In Salzwasser 10 Minuten kochen, abgießen und gut abtropfen lassen.

2 Die Mandelblättchen in einer beschichteten Pfanne ohne Fett rösten, bis sie leicht bräunen. Sofort herausnehmen und abkühlen lassen.

3 Rapsöl und Butter in der Pfanne erhitzen. Die Rosenkohlhälften darin unter Wenden ca. 5 Minuten knusprig anbraten. Rosenkohl mit Salz, Pfeffer und Zitronensaft würzen. Mit den Mandelblättchen bestreut servieren.

TIPP Rosenkohl ist eine echte Vitaminbombe für den Winter. Er enthält viele Mineral- und Ballaststoffe sowie Vitamin A, Vitamin B2 und Vitamin C.

RISOTTO

Kombiniert mit dem Lieblingsgemüse ein absolutes Highlight

Zubereitungszeit: 10 Minuten
Garzeit: 25 Minuten

Nährwerte pro Portion
404 kcal/1.690 kJ
14 g Eiweiß, 16 g Fett, 51 g Kohlenhydrate
2 g Ballaststoffe, 308 mg Kalzium
6 mg Vitamin C, 1,5 mg Vitamin E
0,2 g Omega-3-Fettsäuren

Zutaten für 2 Portionen

- 2 Schalotten
- 1 Knoblauchzehe
- 1 EL Olivenöl
- 120 g Risottoreis, z. B. Arborio
- 400 ml Gemüsebrühe (Rezept S. 84)
- Je 1 Prise Salz, Pfeffer und Safran
- 1 Stück Parmesan (ca. 40 g)

Zubereitung

1 Schalotten und Knoblauch schälen und in feine Würfel schneiden.

2 Das Öl in einem mittelgroßen Topf sanft erhitzen und die Zwiebel- und Knoblauchwürfel darin glasig andünsten. Den Reis dazugeben und einige Minuten mitbraten. Mit Gemüsebrühe ablöschen, die Gewürze untermengen und bei mittlerer Hitze ca. 20 Minuten köcheln lassen. Gelegentlich umrühren, damit das Risotto nicht anbrennt.

3 Parmesan mit einer Küchenreibe fein reiben und am Ende der Garzeit unter das Risotto mengen.

BALSAMICO-HONIG-LINSEN

Würzig-süße Beilage

Zubereitungszeit: 10 Minuten
Garzeit: 20 Minuten

Nährwerte pro Portion
218 kcal/910 kJ
10 g Eiweiß, 9 g Fett, 23 g Kohlenhydrate
6 g Ballaststoffe, 133 mg Kalzium
16 mg Vitamin C, 1,8 mg Vitamin E
0,1 g Omega-3-Fettsäuren

Zutaten für 2 Portionen

1 Stück Knollensellerie (ca. 150 g)
1 kleine Zwiebel
1 EL Olivenöl
150 g braune Linsen
1 Lorbeerblatt
450 ml Gemüsebrühe (Rezept S. 84)
2 EL Balsamicoessig
1 EL Honig
2 Zweige Basilikum
1 Prise Salz
1 Prise Pfeffer

Zubereitung

1 Knollensellerie waschen, schälen und in kleine Würfel schneiden. Zwiebel schälen und ebenfalls fein würfeln. Das Öl in einem mittelgroßen Topf erhitzen und die Gemüsewürfel darin andünsten. Linsen und Lorbeerblatt dazugeben, kurz mitbraten und anschließend mit der Gemüsebrühe ablöschen. Bei mittlerer Hitze ca. 20 Minuten köcheln lassen.

2 In der Zwischenzeit Balsamico und Honig in einem kleinen Topf aufkochen und bei mittlerer Hitze köcheln lassen, bis es eine sirupartige Konsistenz annimmt.

3 Basilikum waschen, trocknen und die Blättchen in feine Streifen schneiden.

4 Am Ende der Garzeit das Lorbeerblatt entfernen und die Linsen mit dem Balsamico-Honig-Sirup, den Basilikumstreifen sowie den Gewürzen abschmecken.

BULGUR

Petersilie und Ajvar sorgen für Geschmack

Zubereitung

1 Zwiebel schälen und in feine Würfel schneiden. Das Öl in einem mittelgroßen Topf erhitzen und die Zwiebel sowie das Ajvar darin andünsten.

2 Bulgur hinzugeben und einige Minuten mitbraten. Mit 200 ml Wasser ablöschen, die Gewürze untermengen und den Topf vom Herd nehmen. Bulgur 10 Minuten quellen lassen. In der Zwischenzeit die Petersilie waschen, trocknen und die Blättchen fein hacken.

3 Am Ende der Garzeit die Petersilie und den Zitronensaft unter den Bulgur mengen und ggf. nochmals abschmecken.

Zubereitungszeit: 15 Minuten
Quellzeit: 10 Minuten

Nährwerte pro Portion
238 kcal/993 kJ
6 g Eiweiß, 9 g Fett, 32 g Kohlenhydrate
6 g Ballaststoffe, 36 mg Kalzium
9 mg Vitamin C, 1,8 mg Vitamin E
0,1 g Omega-3-Fettsäuren

Zutaten für 2 Portionen

1 Zwiebel
1 EL Olivenöl
1 EL Ajvar (Glas)
100 g Bulgur
1 Prise Salz
1 Prise Cayennepfeffer
2 Zweige Petersilie
20 ml Zitronensaft

ZUCCHINI-AUBERGINEN-GEMÜSE

Ab in den Ofen!

Zubereitung

1 Den Backofen auf 200 °C (Ober-/Unterhitze) vorheizen.

2 Aubergine und Zucchini waschen und in ca. 2 cm große Würfel schneiden. Zwiebel schälen und in schmale Scheiben schneiden.

3 Rosmarinzweige waschen, trocknen und die Nadeln fein hacken. Das Öl mit Salz, Pfeffer und Rosmarin vermischen und das Gemüse damit vermengen. Alles in eine feuerfeste Auflaufform geben und im heißen Ofen ca. 30 Minuten garen.

Zubereitungszeit: 10 Minuten
Garzeit: 30 Minuten

Nährwerte pro Portion
128 kcal/535 kJ
4 g Eiweiß, 9 g Fett, 8 g Kohlenhydrate
6 g Ballaststoffe, 71 mg Kalzium
89 mg Vitamin C, 1,7 mg Vitamin E
0,2 g Omega-3-Fettsäuren

Zutaten für 2 Portionen

1 Aubergine
1 Zucchini
1 blaue Zwiebel
2 Zweige Rosmarin
1 EL Olivenöl
1 Prise Meersalz, 1 Prise Pfeffer

BALSAMICO-CHAMPIGNONS

Auch als Antipasti ein Genuss

Zubereitungszeit: 10 Minuten
Garzeit: 10 Minuten

Nährwerte pro Portion
127 kcal/533 kJ
7 g Eiweiß, 9 g Fett, 5 g Kohlenhydrate
6 g Ballaststoffe, 42 mg Kalzium
16 mg Vitamin C, 1,3 mg Vitamin E
0,4 g Omega-3-Fettsäuren
0,4 g Omega-3-Fettsäuren

Zutaten für 2 Portionen

½ kg braune und weiße Champignons
4 Schalotten
1 EL Soja- oder Rapsöl
2 EL Balsamicoessig
1 TL Ahornsirup
½ Bund Schnittlauch
1 Prise Salz, 1 Prise Pfeffer

Zubereitung

1 Pilze mit einem Küchenkrepp säubern, ca. 1 cm vom Stiel abschneiden und die Pilze vierteln. Schalotten schälen und in feine Würfel schneiden. Das Öl in einem mittelgroßen Topf erhitzen und die Zwiebelwürfel darin glasig andünsten.

2 Die Pilze dazugeben und unter Wenden ca. 2 Minuten mitbraten. Mit Essig und Ahornsirup ablöschen und einige Minuten köcheln lassen.

3 In der Zwischenzeit den Schnittlauch waschen, trocknen und in schmale Röllchen schneiden. Pilze mit den Gewürzen abschmecken und mit Schnittlauch garniert servieren.

GEBRATENE MAIRÜBCHEN

Unbedingt probieren!

Zubereitungszeit: 10 Minuten
Garzeit: 10 Minuten

Nährwerte pro Portion
182 kcal/761 kJ
5 g Eiweiß, 12 g Fett, 13 g Kohlenhydrate
9 g Ballaststoffe, 149 mg Kalzium
52 mg Vitamin C, 1,6 mg Vitamin E
0,8 g Omega-3-Fettsäuren

Zutaten für 2 Portionen

2 mittelgroße Mairüben mit Grün (je ca. 250 g)
1 kleine Zwiebel
1 EL Soja- oder Rapsöl
1 gehäufter EL Frischkäse, fettreduziert
1 Prise Salz, 1 Prise Pfeffer

Zubereitung

1 Mairüben waschen und schälen. Das Grün der Rüben abtrennen, trocknen, in feine Streifen schneiden und beiseitestellen. Die Rüben halbieren und in feine Stifte schneiden. Zwiebel schälen und fein würfeln.

2 Das Öl in einem mittelgroßen Topf erhitzen und die Zwiebelwürfel darin glasig andünsten. Anschließend die Rübenstifte dazugeben und kurz mitbraten. Mit 50 ml Wasser ablöschen und aufkochen lassen. Den Frischkäse dazugeben und unter Rühren schmelzen lassen.

3 Das Gemüse ca. 5–8 Minuten köcheln lassen. Anschließend mit Gewürzen und Rübengrün abschmecken und servieren.

KÜRBISGEMÜSE AUS DEM BACKOFEN

Cremiges Ofencurry

Zubereitungszeit: 15 Minuten
Garzeit: 30 Minuten

Nährwerte pro Portion
194 kcal/811 kJ
3 g Eiweiß, 12 g Fett, 17 g Kohlenhydrate
6 g Ballaststoffe, 145 mg Kalzium
29 mg Vitamin C, 2,1 mg Vitamin E
0,3 g Omega-3-Fettsäuren

Zutaten für 2 Portionen

½ kg Hokkaidokürbis
1 Knoblauchzehe
1 TL Soja- oder Rapsöl
1 TL Sesamöl
1 Prise Salz
1 Prise Pfeffer
1 TL Chiliflocken
1 EL Sesam

Für die Currysoße
200 ml Kokosmilch, fettreduziert
1 EL Curry
1 Prise Salz
1 Prise Pfeffer

Zubereitung

1 Den Backofen auf 200 °C (Ober-/Unterhitze) vorheizen.

2 Kürbis waschen, trocknen, Kerne und weiche Fasern mit einem Esslöffel entfernen und das Kürbisfleisch in ca. 2 cm große Würfel schneiden. Knoblauch schälen und in feine Würfel schneiden.

3 Öle, Salz, Pfeffer, Chili und Sesam vermischen und unter die Kürbiswürfel mengen. Zusammen mit den Knoblauchwürfeln in eine feuerfeste Auflaufform geben und ca. 20–25 Minuten im Ofen garen.

4 Die Kokosmilch mit dem Currypulver sowie Salz und Pfeffer in einem kleinen Topf erhitzen und aufkochen lassen. 5 Minuten vor Ende der Garzeit über die Kürbiswürfel gießen.

GURKENRAGOUT

Cremig und köstlich

Zubereitung

1 Gurken waschen, schälen und an jedem Ende ca. 5 cm abschneiden. Der Länge nach halbieren und die Kerne mit einem Esslöffel entfernen. Gurkenhälften in schmale Scheiben schneiden. Zwiebel schälen und in feine Würfel schneiden.

2 Das Öl in einem mittelgroßen Topf erhitzen und die Zwiebelwürfel darin glasig andünsten. Gurken hinzugeben und einige Minuten mitdünsten.

3 Mit der Gemüsebrühe ablöschen, Gewürze und Zucker hinzufügen und ca. 8–10 Minuten köcheln lassen, bis die Gurken weich sind.

4 Dill waschen, trocknen und die Blättchen fein hacken. Senf und Frischkäse zu den Gurken geben und vorsichtig untermengen, bis der Käse geschmolzen ist. Mit Dill bestreut servieren.

HINWEIS Schmorgurken haben von Juli bis Ende September Saison. Sie sind nicht zum Rohverzehr geeignet. Schale und Kerne sollten zudem immer entfernt werden. In den Stielenden sind viele Bitterstoffe enthalten, daher schneiden Sie die Enden großzügig ab.

Zubereitungszeit: 10 Minuten
Garzeit: 15 Minuten

Nährwerte pro Portion
161 kcal/674 kJ
5 g Eiweiß, 12 g Fett, 7 g Kohlenhydrate
2 g Ballaststoffe, 83 mg Kalzium
24 mg Vitamin C, 1,7 mg Vitamin E
0,7 g Omega-3-Fettsäuren

Zutaten für 2 Portionen

½ kg Schmorgurken
½ Zwiebel
1 EL Sojaöl
75 ml Gemüsebrühe (Rezept S. 84)
Je 1 Prise Salz, Pfeffer und Zucker
2 Zweige Dill
1 EL körniger Senf
1 gehäufter EL Frischkäse, fettreduziert

OFENFENCHEL

Kombiniert mit Paprika und Oliven

Zubereitungszeit: 10 Minuten
Garzeit: 25 Minuten

Nährwerte pro Portion
166 kcal/694 kJ
5 g Eiweiß, 12 g Fett, 9 g Kohlenhydrate
8 g Ballaststoffe, 181 mg Kalzium
192 mg Vitamin C, 10,7 mg Vitamin E
0,2 g Omega-3-Fettsäuren

Zutaten für 2 Portionen

- 2 kleine Fenchelknollen (je ca. 150 g)
- 1 rote Paprika
- 1 kleine, blaue Zwiebel
- 2 EL schwarze Oliven, entsteint
- 1 EL Olivenöl
- 1 Prise Salz
- 1 Prise Pfeffer
- 20 ml Zitronensaft
- 2 Zweige Rosmarin

Zubereitung

1 Den Backofen auf 200 °C (Ober-/Unterhitze) vorheizen.

2 Fenchel waschen, halbieren, Strunk entfernen und die Fenchelhälften in schmale Spalten schneiden. Paprikaschote waschen und halbieren. Stiel, Kerne und Samenwände entfernen und die Paprikahälften in Spalten schneiden. Zwiebel schälen und ebenfalls in Spalten schneiden. Oliven abtropfen lassen.

3 Alle vorbereiteten Zutaten auf einem tiefen Backblech verteilen. Mit Öl, Gewürzen und Zitronensaft vermengen. Rosmarinzweige waschen, trocknen und mit auf das Blech legen. Das Gemüse ca. 25 Minuten backen. Nach der Hälfte der Garzeit einmal vorsichtig wenden. Anschließend die Rosmarinzweige entfernen und das Gemüse auf zwei Tellern verteilen.

HINWEIS Mit seinem hohen Anteil an ätherischen Ölen ist Fenchel auch als Heilpflanze bekannt. Er ist reich an Kalzium, Vitamin B, C und E sowie Betacarotin und Eisen. In Form von Fencheltee beruhigt er bei Blähungen und Bauchschmerzen.

PFANNENBROTE

Lecker zu Dips

Zubereitung

1 Hefe mit Zucker und 75 ml lauwarmem Wasser glatt rühren. Mehl und Salz in einer Schüssel vermischen, eine kleine Vertiefung formen und die Hefemischung hineingießen. Etwas Mehl vom Rand mit in die Mulde geben und mit der Hefe zu einem Vorteig verrühren. Abgedeckt an einem warmen Ort ca. 20 Minuten gehen lassen.

2 Anschließend 1 EL Olivenöl hinzugeben und mit den Knethaken des Handrührgerätes zu einem glatten, geschmeidigen Teig verarbeiten. Erneut 45 Minuten gehen lassen. Den fertigen Teig auf einer bemehlten Arbeitsfläche mit den Händen durchkneten, halbieren, zu Kugeln formen und abgedeckt für weitere 15 Minuten gehen lassen.

3 Teigkugeln mit den Händen flach drücken und zu zwei Fladen mit je ca. 15 cm Durchmesser formen.

4 Die Hälfte des übrigen Olivenöls zusammen mit der Hälfte des Sesams in einer beschichteten Pfanne erhitzen. Einen Fladen in die Pfanne geben und abgedeckt bei mittlerer Hitze ca. 7 Minuten ausbacken. Den Fladen wenden und für weitere 7 Minuten backen. Anschließend warm stellen und das Ganze für den zweiten Fladen wiederholen.

Zubereitungszeit: 15 Minuten
Gehzeit: 1 Stunde 20 Minuten
Garzeit: 30 Minuten

Nährwerte pro Brot

419 kcal/1.751 kJ
10 g Eiweiß, 21 g Fett, 48 g Kohlenhydrate
4 g Ballaststoffe, 88 mg Kalzium
2,3 mg Vitamin E
0,2 g Omega-3-Fettsäuren

Zutaten für 2 Brote

¼ Würfel Hefe (ca. 10 g)
½ TL Zucker
125 g Dinkelmehl, Typ 630
½ TL Salz
2 EL Olivenöl
1 EL Sesam

DESSERTS

ZWETSCHGENRÖSTER

Herbstliches Kompott

Zubereitungszeit: 5 Minuten
Garzeit: 10 Minuten

Nährwerte pro Portion
215 kcal/890 kJ
2 g Eiweiß, 1 g Fett, 49 g Kohlenhydrate
3 g Ballaststoffe, 30 mg Kalzium
13 mg Vitamin C, 1,6 mg Vitamin E

Zutaten für 2 Portionen

- 400 g Zwetschgen
- 50 g Zucker
- ½ TL Zimt
- 100 ml roter Fruchtsaft

Zubereitung

1 Die Zwetschgen waschen, halbieren und entsteinen. Den Zucker in einen kleinen Topf geben und 3–4 Minuten karamellisieren lassen. Anschließend Zwetschgen und Zimt dazugeben und einige Minuten köcheln lassen. Mit dem Saft ablöschen und weitere 5 Minuten köcheln lassen.

2 Das Kompott abkühlen lassen und zu Pfannkuchen, Waffeln, Milchreis oder Kaiserschmarrn servieren.

SCHNELLES FRUCHTEIS

Bananen und Erdbeeren: eine sehr leckere Kombi

Zubereitungszeit: 5 Minuten
Gefrierzeit: 3 Stunden

Nährwerte pro Portion
134 kcal/561 kJ
3 g Eiweiß, 1 g Fett, 26 g Kohlenhydrate
3 g Ballaststoffe, 87 mg Kalzium
45 mg Vitamin C, 0,4 mg Vitamin E

Zutaten für 2 Portionen

- 2 reife Bananen
- 100 g gefrorene Erdbeeren
- 100 g Naturjoghurt, 1,5 % Fett
- 1 Msp. Vanilleextrakt (Rezept S. 116)

Zubereitung

1 Bananen schälen und in ca. 2 cm dicke Scheiben schneiden. Auf einem Teller verteilen und mindestens 3 Stunden einfrieren.

2 Danach mit Erdbeeren, Joghurt und Vanilleextrakt in der Küchenmaschine oder mit einem Pürierstab zu einem cremigen Eis pürieren.

BIRNEN-CARPACCIO MIT ZIMTJOGHURT

Eine süße Variation des italienischen Klassikers

Zubereitungszeit: 10 Minuten

Nährwerte pro Portion
130 kcal/543 kJ
2 g Eiweiß, 1 g Fett, 29 g Kohlenhydrate
6 g Ballaststoffe, 58 mg Kalzium
15 mg Vitamin C, 0,9 mg Vitamin E

Zutaten für 2 Portionen

1 EL Zitronensaft
1 Msp. Vanilleextrakt (Rezept S. 116)
3 Birnen
3 EL Naturjoghurt, 1,5 % Fett
½ TL Zimt
1 TL Honig

Zubereitung

1 Zitronensaft und Vanilleextrakt miteinander verrühren. Birnen waschen, trocknen, halbieren, das Kerngehäuse entfernen und die Birnenhälften in schmale Spalten schneiden. Mit der Zitronensaftmischung beträufeln und fächerartig auf zwei Desserttellern anrichten.

2 Joghurt, Zimt und Honig verrühren und in großen Klecksen auf das Birnen-Carpaccio geben.

GELBE GRÜTZE MIT SCHOKOLADENRASPELN

Erfrischender Dessertgenuss

Zubereitungszeit: 10 Minuten
Garzeit: 5 Minuten
Abkühlzeit: 1 Stunde

Nährwerte pro Portion
222 kcal/927 kJ
3 g Eiweiß, 4 g Fett, 42 g Kohlenhydrate
5 g Ballaststoffe, 60 mg Kalzium
56 mg Vitamin C, 1,7 mg Vitamin E

Zutaten für 2 Portionen

2 Pfirsiche
3 Aprikosen
150 ml Orangensaft, ohne Zuckerzusatz
1 ½ EL Vanillepuddingpulver
1 EL Ahornsirup
1 Riegel Schokolade, 70 % Kakao

Zubereitung

1 Obst waschen, halbieren, Steine entfernen und in schmale Spalten schneiden. 50 ml Orangensaft mit dem Vanillepuddingpulver glatt rühren. Die restlichen 100 ml Saft mit dem Ahornsirup aufkochen lassen, die Puddingmischung unterrühren und die Obstspalten dazugeben. Ca. 3 Minuten köcheln lassen.

2 Die Grütze in zwei Dessertschälchen füllen, mit Klarsichtfolie abdecken und ca. 1 Stunde abkühlen lassen. Vor dem Servieren die Schokolade raspeln und auf die Grütze streuen.

KARAMELLPUDDING MIT MANGOSOSSE

Knackiger Haselnusskrokant ist das i-Tüpfelchen

Zubereitungszeit: 25 Minuten
Kühlzeit: 2 ½ Stunden

Nährwerte pro Portion
331 kcal/1.382 kJ
8 g Eiweiß, 7 g Fett, 58 g Kohlenhydrate
3 g Ballaststoffe, 252 mg Kalzium
60 mg Vitamin C, 2,7 mg Vitamin E
0,1 g Omega-3-Fettsäuren

Zutaten für 2 Portionen

- 350 ml Milch, 1,5 % Fett
- ½ Beutel Karamellpuddingpulver
- 1 ½ EL Ahornsirup
- 1 kleine, reife Mango
- 2–3 EL Orangensaft
- 1 gehäufter EL Haselnüsse
- 1 TL Ahornsirup

Zubereitung

1 150 ml Milch abmessen und zur Seite stellen. In einer kleinen Tasse 3 EL von der restlichen Milch mit dem Puddingpulver glatt rühren.

2 Die übrige Milch in einem kleinen Topf zum Kochen bringen und die Puddingmischung mit einem Schneebesen unterrühren. Den Pudding 1 Minute sprudelnd kochen lassen, danach vom Herd nehmen und den Ahornsirup sowie die zuvor abgemessene Milch unterrühren. 30 Minuten abkühlen lassen und dabei regelmäßig umrühren.

3 Die Mango schälen und das Fruchtfleisch vom Stein entfernen. Zusammen mit dem Orangensaft in ein hohes Gefäß geben und mit einem Pürierstab zu einer dickflüssigen Soße pürieren.

4 Haselnüsse und Ahornsirup in einer beschichteten Pfanne ca. 5 Minuten goldgelb bräunen, herausnehmen und abkühlen lassen.

5 Den abgekühlten Pudding in zwei Dessertgläser füllen, die Mangosoße daraufgeben und ca. 2 Stunden im Kühlschrank durchziehen lassen. Vor dem Servieren mit dem Haselnusskrokant garnieren.

MILCHREIS MIT BEEREN

Kokosmilch sorgt für eine cremige Konsistenz

Zubereitungszeit: 15 Minuten
Garzeit: 35 Minuten
Kühlzeit: 2 Stunden

Nährwerte pro Portion

278 kcal/1.162 kJ
8 g Eiweiß, 4 g Fett, 51 g Kohlenhydrate
10 g Ballaststoffe, 210 mg Kalzium
28 mg Vitamin C, 1,3 mg Vitamin E
0,4 g Omega-3-Fettsäuren

Zutaten für 2 Portionen

- 300 g Brom- und Heidelbeeren
- 1 EL roter Fruchtsaft, z. B. Traube
- 1 Msp. Vanilleextrakt (Rezept S. 116)
- ½ Vanilleschote
- 200 ml Milch, 1,5 % Fett
- 100 ml Kokosmilch, fettreduziert
- 1 Prise Salz
- 60 g Milchreis
- 1 EL Vanillezucker

Zubereitung

1 Beeren sorgfältig waschen, gut abtropfen lassen und mit dem Fruchtsaft und dem Vanilleextrakt vermengen. Bis zur weiteren Verwendung kühl stellen. Vanilleschote der Länge nach halbieren und das Mark mit einem Messer herauslösen.

2 Vanillemark, Vanilleschote, Milch, Kokosmilch, Salz und Milchreis in einem mittelgroßen Topf unter Rühren zum Kochen bringen. Den Reisbrei bei schwacher Hitze und unter gelegentlichem Rühren ca. 30–35 Minuten köcheln lassen. Am Ende der Garzeit die Vanilleschote aus dem Brei entfernen, den Vanillezucker untermengen und den Milchreis etwas abkühlen lassen.

3 Anschließend in zwei Dessertschalen füllen und für mindestens 2 Stunden in den Kühlschrank stellen. Vor dem Servieren die Beeren auf dem Milchreis verteilen.

HINWEIS Vanillezucker können Sie ganz leicht selbst machen: Eine ausgeschabte Vanilleschote mit Zucker in ein leeres Marmeladenglas geben, sodass es etwa zur Hälfte gefüllt ist. Mindestens 1 Woche stehen lassen. Das Ergebnis ist ein köstlicher Vanillezucker ohne künstliche Aromen.

MELONENGEFRORENES

Herrlich erfrischend an heißen Sommertagen

Zubereitungszeit: 10 Minuten
Gefrierzeit: 5 Stunden

Nährwerte pro Portion
108 kcal/453 kJ
1 g Eiweiß, 0 g Fett, 24 g Kohlenhydrate
1 g Ballaststoffe, 27 mg Kalzium
14 mg Vitamin C, 0,2 mg Vitamin E

Zutaten für 2 Portionen

- 400 g Fruchtfleisch einer Wassermelone
- 2 Zweige Zitronenmelisse
- ½ TL Abrieb einer Bio-Zitrone
- 1 EL flüssiger Honig, z. B. Akazie

Zubereitung

1 Melonenfruchtfleisch von den schwarzen Kernen befreien und in grobe Würfel schneiden. Zitronenmelisse waschen, trocknen, einige Blättchen zur Seite legen und die restlichen Blätter grob zerkleinern. Melonenwürfel, Melisseblätter, Zitronenschale und Honig in ein hohes Gefäß geben und mit dem Pürierstab zu einer homogenen Masse zerkleinern.

2 Melonenmus in eine flache Auflaufform geben und im Gefrierfach insgesamt 5 Stunden gefrieren lassen. Die angefrorene Masse alle 45–60 Minuten mit einer Gabel auflockern.

3 Melonenmasse vor dem Servieren erneut mit der Gabel auflockern und in die vorbereiteten Gläser geben. Mit den übrigen Melisseblättchen garniert servieren.

BEEREN IM GLAS

Mit Kokos-Vanille-Quark

Zubereitungszeit: 10 Minuten
Kühlzeit: 1 Stunde

Nährwerte pro Portion
198 kcal/827 kJ
16 g Eiweiß, 1 g Fett, 27 g Kohlenhydrate
10 g Ballaststoffe, 190 mg Kalzium
97 mg Vitamin C, 2,4 mg Vitamin E
0,2 g Omega-3-Fettsäuren

Zutaten für 2 Portionen

- Je 150 g Erdbeeren, Heidelbeeren und Himbeeren
- 1 TL Limetten- oder Zitronensaft
- Etwas Abrieb einer Bio-Limette oder -Zitrone
- 1 EL Orangensaft
- 1 EL Kokosmilch, fettreduziert
- 1 Msp. Vanilleextrakt (Rezept S. 116)

Für den Quark

- 200 g Quark, Magerstufe
- 1 EL Kokosmilch, fettreduziert
- ½ TL Vanilleextrakt
- 1 EL Ahornsirup

Zubereitung

1 Die Beeren sorgfältig unter fließendem, kaltem Wasser waschen (große Erdbeeren ggf. vierteln) und in einem Sieb gut abtropfen lassen.

2 Zitrussaft, Zitrusschale, Orangensaft, Kokosmilch und Vanilleextrakt verrühren und die Beeren vorsichtig unterheben.

3 Die Quarkzutaten mit einem Schneebesen glatt rühren. Die Beeren und den Quark abwechselnd in zwei hohe Gläser schichten und vor dem Servieren ca. 1 Stunde in den Kühlschrank stellen.

HINWEIS Die Limette bzw. Zitrone vor dem Abreiben der Schale heiß waschen.

APRIKOSENBRÖTCHEN

Lauwarm genießen

Zubereitungszeit: 25 Minuten
Backzeit: 20 Minuten

Nährwerte pro Stück
275 kcal/1.150 kJ
6 g Eiweiß, 11 g Fett, 37 g Kohlenhydrate
2 g Ballaststoffe, 53 mg Kalzium
4 mg Vitamin C, 3,0 mg Vitamin E
0,7 g Omega-3-Fettsäuren

Zutaten für 10 Stück

Für den Teig
150 g Quark, Magerstufe
90 ml Soja- oder Rapsöl
1 Ei
75 g Zucker
1 Prise Salz
300 g Dinkelmehl, Typ 630
1 Pck. Backpulver
Außerdem
15 Aprikosen
1 EL Diätmargarine
½ TL Zimt
2 EL Zucker

Zubereitung

1 Den Backofen auf 200 °C (Ober-/Unterhitze) vorheizen. Ein Backblech mit Backpapier belegen.

2 Mit den Knethaken des Handrührgerätes aus Quark, Öl, Ei, Zucker, Salz, Mehl und Backpulver einen glatten Teig herstellen. Auf einer bemehlten Arbeitsfläche dünn ausrollen und große Kreise mit einem Durchmesser von ca. 8 cm ausstechen. Den übrigen Teig wieder zusammenkneten und den Vorgang wiederholen, bis zehn Kreise entstanden sind.

3 Aprikosen waschen, trocknen, halbieren, Stein entfernen und die Früchte auf die Teigkreise geben. Den Teig um die Aprikose verschließen und zu Kugeln formen.

4 Teigkugeln auf das Backblech setzen und im unteren Drittel ca. 18–20 Minuten goldgelb backen.

5 In der Zwischenzeit die Margarine schmelzen und Zimt mit Zucker vermengen. Die Teigkugeln am Ende der Garzeit mit Margarine bestreichen und im Zimt-Zucker-Gemisch wälzen.

SCONES

Gehackte Mandeln sorgen für Biss

Zubereitungszeit: 20 Minuten
Backzeit: 20 Minuten

Nährwerte pro Stück
245 kcal/1.061 kJ
6 g Eiweiß, 13 g Fett, 28 g Kohlenhydrate
3 g Ballaststoffe, 61 mg Kalzium
0 mg Vitamin C, 8,1 mg Vitamin E
0,7 g Omega-3-Fettsäuren

Zutaten für 10 Stück

- 100 g Mandeln
- 80 g gemischte getrocknete Früchte, z. B. Cranberries, Rosinen, Feigen
- 300 g Dinkelmehl, Typ 630
- 70 g Zucker
- 2 TL Backpulver
- 1 Prise Salz
- 80 g kalte Diätmargarine
- 120 ml Buttermilch
- 1 Ei

Zubereitung

1 Den Backofen auf 175 °C (Ober-/Unterhitze) vorheizen. Ein Backblech mit Backpapier belegen.

2 Die Mandeln und die Trockenfrüchte grob hacken.

3 Mehl, Zucker, Backpulver und Salz in einer Schüssel vermischen. Die Margarine nach und nach hinzugeben und mit den Händen zu einem streuseligen Teig verarbeiten. Die Margarine sollte nicht zu warm werden, da sie sonst die restlichen Zutaten nicht mehr binden kann.

4 Buttermilch und Ei miteinander verquirlen und mit den Mandeln und den Trockenfrüchten zum Teig geben. Alles erneut kurz verkneten. Aus dem Teig 10 Brötchen formen und auf das Backblech setzen. Im Ofen ca. 20 Minuten auf mittlerer Schiene backen.

TIPP Scones sind ein typisch englisches Teegebäck. Probieren Sie sie mit etwas Frischkäse und Marmelade bestrichen.

APFELKÜCHLEIN

Schnelles Gebäck für Überraschungsgäste

Zubereitungszeit: 20 Minuten
Backzeit: 25 Minuten

Nährwerte pro Stück

176 kcal/734 kJ
4 g Eiweiß, 7 g Fett, 24 g Kohlenhydrate
1 g Ballaststoffe, 28 mg Kalzium
3 mg Vitamin C, 1,3 mg Vitamin E
0,5 g Omega-3-Fettsäuren

Zutaten für 15 Stück

- 200 g Quark, Magerstufe
- 100 ml Soja- oder Rapsöl
- 1 TL Vanilleextrakt (Rezept S. 116)
- 100 g Zucker
- 300 g Dinkelmehl, Typ 630
- 10 g Backpulver
- 3 mittelgroße Äpfel (je ca. 150 g)

Zubereitung

1 Den Backofen auf 180 °C (Umluft) vorheizen. Ein Backblech mit Backpapier belegen.

2 Quark, Öl, Vanilleextrakt und Zucker mit den Quirlen des Handrührgerätes in einer Schüssel vermischen. Mehl und Backpulver vermengen und unter die Quark-Öl-Mischung rühren.

3 Äpfel waschen, schälen und mit einer Küchenreibe grob raspeln. Mit dem Handrührgerät unter den Teig mengen.

4 Mithilfe von 2 Esslöffeln etwa 15 gleich große Portionen mit etwas Abstand auf das Backblech setzen. Die Küchlein im heißen Ofen ca. 25 Minuten backen.

HINWEIS Der Teig hat eine recht klebrige Konsistenz. Davon sollten Sie sich nicht verunsichern lassen.

ZWETSCHGENDATSCHI

Der Klassiker mit knackigen Walnussstreuseln

Zubereitungszeit: 45 Minuten
Gehzeit: 1 Stunde 20 Minuten
Backzeit: 40 Minuten

Nährwerte pro Stück
205 kcal/857 kJ
5 g Eiweiß, 6 g Fett, 32 g Kohlenhydrate
2 g Ballaststoffe, 25 mg Kalzium
2 mg Vitamin C, 4,6 mg Vitamin E
0,1 g Omega-3-Fettsäuren

Zutaten für 1 Blech

Für den Teig
- 500 g Dinkelmehl, Typ 630
- 1 Würfel Hefe
- 90 g Zucker
- 200 ml lauwarme Milch, 1,5 % Fett
- 1 Eiweiß
- 1 Msp. Vanilleextrakt (Rezept S. 116)
- 1 Prise Salz
- 1 Prise Zimt
- 2 EL Quark, Magerstufe

Für den Belag
- 1 geh. EL Walnüsse
- 200 g Dinkelmehl, Typ 630
- 150 g Diätmargarine
- 60 g Zucker
- ½ TL Zimt
- 1 kg Pflaumen

Zubereitung

1 Mehl in eine große Schüssel sieben und in die Mitte eine Mulde formen. Die Hefe hineinbröckeln und 1 EL des Zuckers darüberstreuen. Die Milch dazugeben und mit einer Gabel verrühren, bis die Hefe sich aufgelöst hat. Den Vorteig abgedeckt an einem warmen Ort ca. 20 Minuten gehen lassen.

2 Anschließend den restlichen Zucker, das Eiweiß sowie Vanilleextrakt, Salz, Zimt und Quark dazugeben und mit den Knethaken des Handrührgerätes zu einem homogenen Teig verarbeiten. Erneut abgedeckt an einem warmen Ort 1 Stunde gehen lassen.

3 In der Zwischenzeit die Walnüsse grob hacken. Zusammen mit Mehl, Margarine, Zucker und Zimt in eine Schüssel geben und mit den Händen verkneten, bis Streusel entstehen.

4 Den Backofen auf 160 °C (Ober-/Unterhitze) vorheizen. Ein Backblech mit Backpapier belegen.

5 Die Pflaumen waschen, trocknen, halbieren, Steine entfernen, Pflaumen in Streifen schneiden und zur Seite stellen.

6 Den Hefeteig auf einer bemehlten Arbeitsfläche zu einem Kreis ausrollen und auf das vorbereitete Blech geben. Die Pflaumen ringförmig auf dem Teig anordnen und die vorbereiteten Streusel darüber verteilen. Im heißen Ofen ca. 35–40 Minuten backen.

HINWEIS Rühren Sie den Teig lieber etwas länger als zu kurz – er sollte beim Rühren Blasen werfen. Der Teig ist genau richtig, wenn er sich beim Kneten vom Schüsselrand löst.

JOHANNISBEER-BAISER-KUCHEN

Kuchenklassiker für die ganze Familie

Zubereitungszeit: 45 Minuten
Kühlzeit: 1 ½ Stunden
Backzeit: 1 Stunde

Nährwerte pro Stück

276 kcal/1.157 kJ
7 g Eiweiß, 15 g Fett, 27 g Kohlenhydrate
6 g Ballaststoffe, 66 mg Kalzium
11 mg Vitamin C, 9,1 mg Vitamin E
0,1 g Omega-3-Fettsäuren

Zutaten für 1 Springform (Ø 28 cm)

Für den Mürbeteig
20 g kalte Diätmargarine
80 g Quark, Magerstufe
50 g Puderzucker
1 Prise Salz
1 Ei
200 g Dinkelmehl, Typ 630
Für den Belag
80 g Diätmargarine
50 g Zucker
140 g gemahlene Mandeln
500 g Johannisbeeren
30 g Stärke
Für das Baiser
3 Eiweiß
1 Prise Salz
100 g Zucker
150 g gemahlene Mandeln
1 EL Stärke
Außerdem
Etwas Margarine zum Fetten der Form
ca. 500 g Erbsen zum Blindbacken

Zubereitung

1 Margarine, Quark und Puderzucker in einer Rührschüssel mit den Knethaken des Handrührgerätes verrühren. Salz und Ei hinzugeben und vermengen. Das Mehl sieben, zur vorbereiteten Teigmasse geben und kurz untermengen, bis ein geschmeidiger Teig entstanden ist. Ist der Teig zu bröselig, geben Sie 1 EL kaltes Wasser hinzu. Den Teig zu einer Kugel formen und in der abgedeckten Schüssel ca. 1 Stunde in den Kühlschrank stellen.

2 Anschließend den Backofen auf 175 °C (Ober-/Unterhitze) vorheizen.

3 Die Springform gründlich mit Margarine einfetten. Den Teig zwischen zwei Lagen Backpapier ausrollen. Dabei darauf achten, dass die Teigplatte etwas größer ist als der Boden der Springform. Das Backpapier zur Seite legen und den Boden der Springform umgedreht auf die Teigplatte legen. Rundherum schneiden und anschließend den Rand der Springform befestigen.

4 Aus dem übrigen Teig eine lange Rolle formen und diese als Rand ca. 1,5 cm hoch in die Springform drücken. Anschließend ca. 30 Minuten in die Tiefkühltruhe stellen, um das Absacken des Randes zu verhindern.

5 Nach der Kühlzeit ein Backpapier auf den Teig legen und die Form mit den getrockneten Erbsen füllen. In den heißen Ofen geben und ca. 16 Minuten backen. Anschließend die Form herausnehmen und die Ofentemperatur auf 150 °C (Ober-/Unterhitze) reduzieren. Die Erbsen und das Backpapier aus der Form nehmen.

6 Für den Belag Margarine und Zucker in einer beschichteten Pfanne bei mittlerer Hitze schmelzen lassen. Die Mandeln dazugeben und unter Rühren ca. 5 Minuten rösten, bis die Flüssigkeit aufgesogen ist und die Mandeln leicht gebräunt sind.

7 Johannisbeeren waschen und gut abtropfen lassen. Mit den Mandeln und der Stärke vermischen und auf dem Mürbeteig verteilen.

8 Für das Baiser Eiweiß mit Salz steif schlagen. Nach und nach den Zucker dazugeben und so lange weiterrühren, bis ein schnittfester Schnee entstanden ist. Gemahlene Mandeln und Speisestärke mischen und vorsichtig mit einem Schneebesen unter das Baiser heben.

9 Anschließend auf den Johannisbeeren verteilen und glatt streichen. Den Kuchen im Ofen auf mittlerer Schiene ca. 40 Minuten backen. Herausnehmen und in der Form auskühlen lassen.

PFIRSICH-QUARKSPEISE

Baiserstückchen sind das Geheimnis

Zubereitung

1 Pfirsiche waschen, halbieren, den Stein entfernen und die Fruchthälften in schmale Spalten schneiden. Einige Pfirsichspalten zum Dekorieren zur Seite legen.

2 Quark, Buttermilch, Zitronenschale und Honig mit einem Schneebesen glatt rühren.

3 Baisers grob zerkleinern und einen Teil zum Dekorieren zur Seite stellen. Die übrigen Baisers unter die Quarkmasse heben.

4 Die Pfirsichspalten und die Quarkmasse abwechselnd in zwei hochwandige Dessertgläser schichten. Über Nacht in den Kühlschrank stellen. Den Quark am nächsten Tag mit Pfirsichspalten und Baisers dekoriert servieren.

Zubereitungszeit: 15 Minuten
Kühlzeit: 8 Stunden

Nährwerte pro Portion
287 kcal/1.200 kJ
24 g Eiweiß, 1 g Fett, 45 g Kohlenhydrate
3 g Ballaststoffe, 218 mg Kalzium
12 mg Vitamin C, 1,1 mg Vitamin E

Zutaten für 2 Portionen

2 Pfirsiche
300 g Quark, Magerstufe
50 ml Buttermilch
Abrieb von ½ Bio-Zitrone
1 TL flüssiger Honig
60 g Baisers

BLAUBEERMUFFINS

Kuchenklassiker am Kindergeburtstag

Zubereitungszeit: 15 Minuten
Backzeit: 20 Minuten

Nährwerte pro Stück
213 kcal/891 kJ
3 g Eiweiß, 11 g Fett, 25 g Kohlenhydrate
1 g Ballaststoffe, 42 mg Kalzium
3 mg Vitamin C, 2,1 mg Vitamin E
0,8 g Omega-3-Fettsäuren

Zutaten für 12 Muffins

250 g Dinkelmehl, Typ 630
1 EL Backpulver
100 g brauner Zucker
1 Prise Salz
100 g Blaubeeren, TK
125 g Rapsöl
1 Ei
225 g Buttermilch

Zubereitung

1 Den Backofen auf 190 °C (Ober-/Unterhitze) vorheizen.

2 Mehl, Backpulver, Zucker und Salz vermischen. Die tiefgekühlten Blaubeeren vorsichtig untermengen. Öl, Ei und Buttermilch mit einer Gabel gut verquirlen. Alle Zutaten mit den Quirlen des Handrührgerätes kurz miteinander verrühren.

3 Papierförmchen in einer Muffinform verteilen und den Teig in die ausgelegten Mulden geben. Im heißen Ofen ca. 20 Minuten backen.

TIPP Bei der Zusammenstellung der Zutaten sind Ihrer Fantasie keine Grenzen gesetzt. Geben Sie statt der Blaubeeren z. B. gemahlene Nüsse, gehackte Trockenfrüchte, Schokotropfen, gewürfelte Äpfel oder anderes Obst in den Teig.

NUSSKRANZ

Immer ein großer Hit

Zubereitungszeit: 20 Minuten
Backzeit: 45 Minuten

Nährwerte pro Stück
236 kcal/987 kJ
4 g Eiweiß, 15 g Fett, 22 g Kohlenhydrate
2 g Ballaststoffe, 42 mg Kalzium
0,4 mg Vitamin C, 8,5 mg Vitamin E
0,1 g Omega-3-Fettsäuren

Zutaten für 1 Kranz (ca. 16 Stücke)

Für den Teig
- 300 g Dinkelmehl, Typ 630
- 2 TL Backpulver
- 50 g Zucker
- 1 EL Vanillezucker
- 1 Ei
- 2 EL Milch, 1,5 % Fett
- 125 g Diätmargarine

Für die Füllung
- 200 g gemahlene Haselnüsse
- 50 g Zucker
- 1 Eiweiß

Außerdem
- 1 EL Milch, 1,5 % Fett

Zubereitung

1 Den Backofen auf 175 °C (Ober-/Unterhitze) vorheizen. Ein Backblech mit Backpapier belegen.

2 Die Zutaten für den Teig in eine Schüssel geben und mit den Knethaken des Handrührgerätes vermengen. Anschließend den Teig bis zur weiteren Verarbeitung in den Kühlschrank stellen.

3 Nüsse, Zucker und Eiweiß mit 5 EL Wasser zu einer homogenen Masse verarbeiten. Den Teig auf der bemehlten Arbeitsfläche zu einer ca. 35 x 35 cm großen Platte ausrollen. Die Nussmasse darauf verteilen und glatt streichen.

4 Den Teig aufrollen und als Kranz auf das vorbereitete Backblech legen. Mit der Milch bepinseln, in gleichmäßigen Abständen ca. ½ cm tief einschneiden und im heißen Ofen ca. 45 Minuten backen.

GETRÄNKE UND SMOOTHIES

MILCHKAFFEE MIT PFIFF

Feine Gewürze sorgen für Geschmack

Zubereitungszeit: 5 Minuten
Ziehzeit: 8 Stunden

Nährwerte pro Portion
51 kcal/213 kJ
4 g Eiweiß, 2 g Fett, 5 g Kohlenhydrate
0 g Ballaststoffe, 122 mg Kalzium
1 mg Vitamin C

Zutaten für 2 Portionen

1 kleine Zimtstange
2 Kardamomkapseln
1 Msp. Vanilleextrakt (Rezept S. 116)
200 ml Milch, 1,5 % Fett
2 kleine Tassen Kaffee (je 100 ml)
Außerdem
Milchaufschäumer
1 Prise Zimt zum Garnieren

Zubereitung

1 Zimtstange, zerdrückte Kardamomkapseln und Vanilleextrakt mit der Milch in einen kleinen Topf geben und kurz aufkochen lassen. Anschließend den Topf vom Herd nehmen und über Nacht stehen lassen.

2 Die Gewürzmilch am nächsten Tag durch ein feines Sieb in ein hohes Gefäß gießen und mit einem Milchaufschäumer cremig rühren.

3 Den Kaffee in zwei Tassen geben und die aufgeschäumte Milch darauf verteilen. Mit etwas Zimt bestäubt servieren.

FRAPPÉ MIT BANANE

Herrlich erfrischend

Zubereitung
Zubereitungszeit: 5 Minuten
Gefrierzeit: 8 Stunden

Nährwerte pro Portion
98 kcal/410 kJ
4 g Eiweiß, 2 g Fett, 16 g Kohlenhydrate
1 g Ballaststoffe, 126 mg Kalzium
7 mg Vitamin C, 0,2 mg Vitamin E

Zutaten für 2 Portionen

1 reife Banane
200 ml kalte Milch, 1,5 % Fett
100 g Crushed Ice
150 ml kalter Kaffee

Zubereitung

1 Banane in Scheiben schneiden und über Nacht ins Gefrierfach stellen.

2 Am nächsten Tag die gefrorenen Bananenscheiben mit der Milch in einen Standmixer geben und cremig rühren. Eis und Kaffee dazugeben und schaumig mixen. In zwei hohe Gläser gießen und frisch genießen.

ZITRONENEISTEE

Stärkender Entzündungshemmer

Zubereitungszeit: 7 Minuten
Gefrierzeit: 4 Stunden

Nährwerte pro Portion (ca. 220 ml)
28 kcal/117 kJ
0 g Eiweiß, 0 g Fett, 7 g Kohlenhydrate
0 g Ballaststoffe, 6 mg Kalzium
3 mg Vitamin C

Zutaten für 2 Portionen

1 Bio-Zitrone
Einige Zweige Zitronenmelisse
2–3 TL Grüner Tee
400 g Eiswürfel
1 EL Ahornsirup

Zubereitung

1 Die Zitrone filetieren, d. h. die Schale der Zitrone mit einem scharfen Messer abschneiden, sodass die weiße Haut ebenfalls entfernt wird. Die Fruchtfilets mit dem Messer aus den Trennhäuten herauslösen und den dabei austretenden Saft auffangen. Die Zitronenfilets auf einen flachen Teller legen und ca. 4 Stunden gefrieren lassen.

2 Zitronenmelisse waschen, trocknen und zur Seite stellen. Tee in ein Teesieb geben.

3 400 ml Wasser zum Kochen bringen und nach kurzem Abkühlen über das Teesieb gießen. Den Tee 2 Minuten ziehen lassen und anschließend über 150 g der Eiswürfel gießen.

4 Die restlichen Eiswürfel zusammen mit den gefrorenen Zitronenfilets, der Zitronenmelisse, dem Zitronensaft und dem Ahornsirup in eine Karaffe füllen und den Grünen Tee hinzugeben.

IMMUNBOOSTER

Grüner Tee und Ingwer bringen Ihr Immunsystem in Schwung

Zubereitungszeit: 5 Minuten
Ziehzeit: 12 Minuten

Nährwerte pro Portion
32 kcal/134 kJ
0 g Eiweiß, 0 g Fett, 8 g Kohlenhydrate
0 g Ballaststoffe, 2 mg Kalzium
3 mg Vitamin C

Zutaten für 2 Portionen

1 Stück Ingwer (ca. 30 g)
2–3 TL Grüner Tee
1 EL Honig

Zubereitung

1 Ingwer schälen, in feine Scheiben schneiden und in einem kleinen Topf mit 400 ml Wasser aufkochen lassen. Anschließend ca. 10 Minuten ziehen lassen.

2 Tee in ein Teesieb geben, mit dem heißen Ingwersud aufgießen und 2 Minuten ziehen lassen.

3 Zwei große Teetassen bereitstellen, den Honig darin verteilen und den Tee durch ein Sieb in die Tassen gießen.

ERDBEERBOWLE

Basilikum bringt Aroma

Zubereitungszeit: 10 Minuten

Nährwerte pro Portion
48 kcal/201 kJ
1 g Eiweiß, 0 g Fett, 9 g Kohlenhydrate
2 g Ballaststoffe, 34 mg Kalzium
61 mg Vitamin C, 0,3 mg Vitamin E
0,1 g Omega-3-Fettsäuren

Zutaten für 2 Portionen

- 200 g Erdbeeren
- 2 Zweige Basilikum
- 100 g Eiswürfel
- 50 ml kalter roter Fruchtsaft, z. B. Traubensaft
- ½ l kaltes Mineralwasser

Zubereitung

1 Erdbeeren waschen und vierteln. Basilikum waschen, einige Blätter abzupfen und in schmale Streifen schneiden.

2 Erdbeerviertel, Basilikumstreifen, Basilikumstiele und Eiswürfel in eine Karaffe geben und mit dem Fruchtsaft und dem Mineralwasser aufgießen.

TIPP Für das gewisse Etwas können Sie zusätzlich ein wenig Kräutersirup (Rezept siehe Seite 194) in die Bowle geben und das Ganze mit gefrorenen Erdbeeren dekorieren.

INGWERWASSER

Erfrischend an heißen Tagen

Zubereitungszeit: 5 Minuten
Ziehzeit: 8 Stunden

Nährwerte pro Portion
34 kcal/142 kJ
0 g Eiweiß, 0 g Fett, 8 g Kohlenhydrate
0 g Ballaststoffe, 5 mg Kalzium
1 mg Vitamin C

Zutaten für 2 Portionen

- 1 Stück Ingwer (ca. 3 cm)
- 1 Zweig Zitronenmelisse
- 2 EL Apfelessig
- 1 EL flüssiger Honig
- 800 ml kohlensäurehaltiges Mineralwasser

Zubereitung

1 Ingwer schälen und in kleine Stücke schneiden.

2 Zitronenmelisse waschen und zusammen mit den Ingwerstücken sowie mit Essig und Honig in ein kleines, verschließbares Gefäß (z. B. eine Flasche) geben. Über Nacht im Kühlschrank ziehen lassen.

3 Wasser auf zwei große Gläser verteilen, die angesetzte Flüssigkeit aus dem Kühlschrank durch ein feines Sieb direkt in die vorbereiteten Gläser gießen und genießen.

ZITRUSSIRUP

Herrlich für selbst gemachte Limonade

Zubereitungszeit: 5 Minuten
Garzeit: 10 Minuten
Ziehzeit: 20 Minuten

Nährwerte pro Portion (ca. 10 ml = 250 ml fertige Limonade)
18 kcal/77 kJ
0 g Eiweiß, 0 g Fett, 4 g Kohlenhydrate
0 g Ballaststoffe, 3 mg Kalzium
3 mg Vitamin C

Zutaten für 1 Flasche (ca. 250 ml)

Saft von 2 Zitronen oder Orangen

Abrieb von ½ Bio-Zitrone oder -Orange

100 g Zucker

Zubereitung

1 Zitrussaft und -schale mit dem Zucker in einen kleinen Topf geben und ca. 10 Minuten bei mittlerer Hitze köcheln lassen. Anschließend weitere 20 Minuten ziehen lassen.

2 Den Backofen auf 100 °C (Ober-/Unterhitze) vorheizen. Eine Flasche mit heißem Wasser ausspülen und im heißen Backofen ca. 10 Minuten sterilisieren.

3 Anschließend mit einem Topflappen herausnehmen und den Sirup durch ein feines Sieb in die heiße Flasche füllen. Sofort verschließen und abkühlen lassen.

HINWEIS Zur Herstellung einer fruchtigen Limonade geben Sie 10 ml des Sirups in ein großes Glas und gießen mit 250 ml kaltem, kohlensäurehaltigem Mineralwasser auf. Zur Dekoration können Sie zudem eingefrorene Zitrusscheiben als Eiswürfel in das Glas geben. Der Sirup hält sich ca. 2–3 Monate.

KRÄUTERSIRUP

Überraschung im Glas

Zubereitungszeit: 8 Minuten
Ziehzeit: 24 Stunden

Nährwerte pro Portion (10 ml = 250 ml fertige Limonade)
16 kcal/69 kJ
0 g Eiweiß, 0 g Fett, 4 g Kohlenhydrate
0 g Ballaststoffe, 1 mg Kalzium

Zutaten für 1 Flasche (ca. 250 ml)

- 2 Zweige Zitronenmelisse
- 2 Zweige Zitronenthymian
- 2 Zweige Basilikum
- 100 g Zucker

Zubereitung

1 Die Kräuter waschen, grob zerkleinern und mit 350 ml kochendem Wasser übergießen. 24 Stunden ziehen lassen.

2 Den Backofen auf 100 °C (Ober-/Unterhitze) vorheizen. Eine Flasche mit heißem Wasser ausspülen und im heißen Ofen ca. 10 Minuten sterilisieren.

3 Kräutersud durch ein Sieb in einen mittelgroßen Topf gießen und mit dem Zucker zum Kochen bringen. 3 Minuten sprudelnd kochen lassen, anschließend den noch heißen Sirup in die vorbereitete Flasche füllen und sofort verschließen.

HINWEIS Zur Herstellung einer aromatischen Limonade geben Sie 10 ml des Sirups in ein großes Glas und gießen mit 250 ml kaltem, kohlensäurehaltigem Mineralwasser auf. Eine hübsche Dekoration ist ein in einem Eiswürfel eingefrorenes Kräuterblatt. Der Sirup hält sich ca. 2–3 Monate.

ANANAS-INGWER-SMOOTHIE

Cremiger Geschmack durch Kokosmilch

Zubereitungszeit: 10 Minuten

Nährwerte pro Portion
97 kcal/406 kJ
1 g Eiweiß, 1 g Fett, 21 g Kohlenhydrate
2 g Ballaststoffe, 61 mg Kalzium
23 mg Vitamin C, 0,1 mg Vitamin E

Zutaten für 2 Portionen

- 200 g Ananasfruchtfleisch
- 1 Stück Ingwer (ca. 5 g)
- 2 Zweige Minze, z. B. Zitronen- oder Ananasminze
- 300 ml Kokosmilch, fettreduziert
- 1 Handvoll Eiswürfel

Zubereitung

1 Ananasfruchtfleisch in grobe Würfel schneiden. Ingwer schälen und in feine Würfel schneiden. Minze waschen, trocknen und die Blättchen in feine Streifen schneiden.

2 Alles mit der Kokosmilch in ein hohes Gefäß geben und mit einem Pürierstab cremig mixen. Eiswürfel auf zwei hohe Gläser verteilen, den Smoothie darübergießen und servieren.

ERDBEER-JOGHURT-SMOOTHIE

Erfrischend-fruchtiger Drink

Zubereitungszeit: 10 Minuten

Nährwerte pro Portion
89 kcal/372 kJ
5 g Eiweiß, 2 g Fett, 10 g Kohlenhydrate
2 g Ballaststoffe, 187 mg Kalzium
65 mg Vitamin C, 0,2 mg Vitamin E
0,1 g Omega-3-Fettsäuren

Zutaten für 2 Portionen

- 200 g Erdbeeren
- 1 TL Zitronensaft
- 250 g Naturjoghurt, 1,5 % Fett
- 1 Msp. Vanilleextrakt (siehe S. 116)

Zubereitung

Erdbeeren säubern, vierteln und zusammen mit dem Zitronensaft, dem Joghurt und dem Vanilleextrakt in ein hohes Gefäß geben. Mit einem Pürierstab cremig mixen. Falls der Smoothie zu dickflüssig ist, etwas kaltes Wasser hinzufügen. Anschließend in zwei hohe Gläser füllen und genießen.

MANGOSHAKE

Ein absoluter Hochgenuss

Zubereitungszeit: 5 Minuten

Nährwerte pro Portion
137 kcal/573 kJ
6 g Eiweiß, 1 g Fett, 23 g Kohlenhydrate
2 g Ballaststoffe, 199 mg Kalzium
66 mg Vitamin C, 1,2 mg Vitamin E
0,1 g Omega-3-Fettsäuren

Zutaten für 2 Portionen

1 kleine, reife Mango
100 ml Mangosaft
300 ml Buttermilch

Zubereitung

1 Mango schälen und das Fruchtfleisch um den Kern herum abschneiden. Anschließend in grobe Würfel schneiden und zusammen mit dem Mangosaft in ein hohes Gefäß geben.

2 Mit einem Pürierstab cremig rühren, die Buttermilch dazugeben und nochmals kräftig durchmixen. Den Shake auf zwei hohe Gläser verteilen und genießen.

HEIDELBEERSHAKE

Ein sättigender Frühstücksshake

Zubereitungszeit: 10 Minuten

Nährwerte pro Portion
265 kcal/1.708 kJ
11 g Eiweiß, 5 g Fett, 39 g Kohlenhydrate
7 g Ballaststoffe, 269 mg Kalzium
42 mg Vitamin C, 2,6 mg Vitamin E
0,2 g Omega-3-Fettsäuren

Zutaten für 2 Portionen

200 g Heidelbeeren
1 reife Banane
1 EL Zitronensaft
2 EL Schmelzflocken
400 ml Kefir

Zubereitung

1 Die Beeren waschen und gut abtropfen lassen. Die Banane schälen, in grobe Stücke schneiden und mit dem Zitronensaft beträufeln.

2 Beeren und Bananen zusammen mit den Schmelzflocken und dem Kefir in einen Standmixer geben und mehrmals kräftig mixen. Den Shake in zwei hohe Gläser gießen und servieren.

WASSERMELONEN-ERDBEER-SMOOTHIE

Köstlich und erfrischend

Zubereitungszeit: 10 Minuten

Nährwerte pro Portion
119 kcal/497 kJ
5 g Eiweiß, 2 g Fett, 19 g Kohlenhydrate
1 g Ballaststoffe, 160 mg Kalzium
40 mg Vitamin C, 0,2 mg Vitamin E

Zutaten für 2 Portionen

300 g Fruchtfleisch einer Wassermelone
100 g Erdbeeren
2 Zweige Zitronenmelisse
200 g Naturjoghurt, 1,5 % Fett
1 Handvoll Crushed Ice

Zubereitung

1 Melone in grobe Würfel schneiden. Erdbeeren säubern und vierteln. Zitronenmelisse waschen, trocknen und die Blättchen zusammen mit dem vorbereiteten Obst, dem Joghurt und dem Eis in ein hohes Gefäß geben.

2 In einem Standmixer mehrmals kräftig mixen, bis eine sämige Masse entsteht. Eventuell noch etwas kaltes Wasser hinzugeben, in zwei hohe Gläser gießen und servieren.

PFIRSICH-MELONEN-SHAKE

Fruchtgenuss zum Trinken

Zubereitungszeit: 10 Minuten

Nährwerte pro Portion
207 kcal/867 kJ
8 g Eiweiß, 4 g Fett, 34 g Kohlenhydrate
3 g Ballaststoffe, 261 mg Kalzium
50 mg Vitamin C, 1,3 mg Vitamin E

Zutaten für 2 Portionen

2 Pfirsiche
½ kleine, reife Honigmelone (ca. 400 g)
1 Msp. Vanilleextrakt (Rezept S. 116)
400 ml Milch, 1,5 % Fett

Zubereitung

1 Pfirsiche waschen, trocknen und halbieren. Den Stein entfernen und die Pfirsichhälften in grobe Würfel schneiden. Schale und Kerne der Honigmelone entfernen und das Fruchtfleisch ebenfalls grob würfeln.

2 Pfirsich- und Melonenwürfel zusammen mit dem Vanilleextrakt und der Milch in ein hohes Gefäß geben und mit einem Pürierstab mehrmals kräftig mixen, bis ein cremiger Shake entsteht. In zwei hohe Gläser füllen und frisch genießen.

GRÜNER SMOOTHIE

Gurke und Feldsalat sorgen für ein Mineralstoffplus

Zubereitungszeit: 10 Minuten

Nährwerte pro Portion
86 kcal/361 kJ
2 g Eiweiß, 1 g Fett, 17 g Kohlenhydrate
4 g Ballaststoffe, 45 mg Kalzium
53 mg Vitamin C, 0,6 mg Vitamin E
0,1 g Omega-3-Fettsäuren

Zutaten für 2 Portionen

- 1 kleine Salatgurke (ca. 100 g)
- 50 g Feldsalat
- 2 Stiele Zitronenmelisse
- 2 Kiwis
- 1 reife Banane
- 1 Handvoll Crushed Ice

Zubereitung

1 Die Gurke säubern und in grobe Stücke schneiden. Den Feldsalat waschen. Die Zitronenmelisse waschen und die Blättchen abzupfen.

2 Kiwis und Banane schälen und in grobe Stücke schneiden. Anschließend zusammen mit dem vorbereiteten Gemüse, der Zitronenmelisse und dem Eis in ein hohes Gefäß geben, 250 ml kaltes Wasser dazugeben und mit einem Pürierstab mehrmals kräftig mixen. Den Smoothie in zwei hohe Gläser füllen und servieren.

TIPP Grüne Smoothies können Sie ganz nach Ihren Vorlieben zusammenstellen. Als Grundrezept gilt: Blattgemüse mit einer Hälfte Obst mixen und etwas Wasser dazu.

Rezeptregister

FRÜHSTÜCKSLECKEREIEN

VORSPEISEN UND SNACKS

SALATE

SUPPEN UND EINTÖPFE

SOSSEN, DIPS UND KÜCHENTRICKS

HAUPTGERICHTE

BEILAGEN

DESSERTS

GETRÄNKE UND SMOOTHIES